La asombrosa historia
de las palabras

La asombrosa historia de las palabras

Ángel Rubén Cohen Elorza

www.librosenred.com

Dirección General: Marcelo Perazolo
Dirección de Contenidos: Ivana Basset
Diseño de cubierta: Daniela Ferrán
Diagramación de interiores: Victoria Villalba

Está prohibida la reproducción total o parcial de este libro, su tratamiento informático, la transmisión de cualquier forma o de cualquier medio, ya sea electrónico, mecánico, por fotocopia, registro u otros métodos, sin el permiso previo escrito de los titulares del Copyright.

Primera edición en español - Impresión bajo demanda

© LibrosEnRed, 2008
Una marca registrada de Amertown International S.A.

ISBN: 978-1-59754-441-2

Para encargar más copias de este libro o conocer otros libros de esta colección visite www.librosenred.com

Presentación

Toda palabra tiene un origen. La primera de ellas se formó a partir de un gruñido, un balbuceo, un sonido gutural, pero lo que constituye sus historias es la intención con que fueron emitidas, el contexto en que fueron pronunciadas y la reacción que provocaron en su receptor. La efeméride de muchas de ellas se ha perdido; otras se mantienen aún tan fusionadas a su raíz que su explicación es evidente; también hay cantidad de ellas cuya procedencia sólo despierta el interés de los lingüistas, de los arqueólogos, de los antropólogos y de todos aquellos que han hecho del pasado una profesión apasionante, pero que poco nos dice a las mayorías profanas, pese a que las leamos, pronunciamos o escuchemos quizá a diario.

Sin embargo, entre ellas coexisten un grupo de palabras cuyos orígenes se nos revelan curiosos, atractivos, impactantes; palabras que nos cuentan una historia, una biografía, una experiencia o un suceso acontecido en un tiempo remoto o quizá cercano al nuestro, pero que las aleja del simple sonido de su articulación para humanizarlas e identificarlas plenamente con el hombre -su creador indiscutible-, confiriéndoles de esta manera vida, presencia y personalidad.

Esta obra no pretende ser exhaustiva, ni constituir en modo alguno un diccionario etimológico completo de este tipo de palabras poseedoras de identidad y carácter propios. Su propósito es otro. No busca la erudición sino la emoción; no la divulgación enciclopedista sino la difusión amena, entretenida y divertida de una selección de palabras de uso común y cotidiano que proporcionen al lector conversación interesante en cualquier situación de su vida diaria, de su entorno social o profesional, transformándolo en heraldo y propagador de ese mundo maravilloso de la palabra, que en sus sonidos encierra toda una amalgama de bellas y muchas veces disparatadas anécdotas y metáforas que sin lugar a dudas habrán de captar la atención y el interés de quienes los escuchen.

Como lo indica el título de la obra, no nos estamos refiriendo exclusivamente a la etimología que les dio origen sino a su historia y a la dinámica de las lenguas vivas que muchas veces transforman el sentido de las palabras adoptándolas a las nuevas épocas y a las necesidades de una comunicación en constante cambio y evolución que no cesará hasta que el mundo calle.

A

ABOGADO: Es una costumbre muy común denominar con este nombre a quienes han llevado a cabo estudios de Derecho o Leyes, pese a que no existe una Facultad de Abogacía propiamente dicha. En el Derecho romano antiguo, no se conoció a expertos en leyes que representaran a las personas que se enfrentaban en los litigios jurídicos, pues solamente los interesados podían intervenir en esas querellas. No fue sino hasta el advenimiento del Imperio cuando entraron en escena los llamados "defensores", quienes recibían el nombre de *advocati*, que proviene del latín *advocare* y que significa "convocar", ya que estos eran llamados ex profeso para dar auxilio legal al acusado. Durante la Edad Media, esta práctica cayó en desuso, resurgiendo posteriormente a medida en que se fueron restableciendo los derechos de la ciudadanía. Y fue entonces cuando el término *advocati* pasó al castellano como "abogado". Sólo Dios sabe si el resurgimiento de estos especialistas jurídicos fue o no de provecho.

ACADEMIA: Esta palabra comúnmente indica un establecimiento de enseñanza generalmente especializado en alguna rama del saber o profesión, pero también suele referirse al sitio de reunión de literatos, científicos o artistas. En el siglo IV a. C. existía en Atenas una hermosa y popular residencia con amplios jardines, propiedad de un viejo héroe ateniense llamado Akademos, a quien el célebre filósofo Platón compró el inmueble para establecer ahí su propia escuela; pero el lugar continuó siendo conocido por los atenienses con el nombre de su antiguo dueño, Akademos, que pasó a nuestro español con el nombre de Academia, personaje, que como hemos visto, no contaba con ningún prestigio "académico". Por cierto, el nombre de Platón era un apodo que significa "plato grande", pues el sabio se llamaba realmente Aristocles. El sobrenombre parece aludir a la amplia espalda que el hercúleo filósofo poseía.

ÁFRICA: El siempre misterioso continente negro parece deber su nombre a una tribu que habitaba por la región de Cartago, frente a las costas italianas, a la que los romanos llamaban *aourigha*, que derivó en el denominativo de África con el que lo conocemos. África es el continente más pobre del planeta, debido a que en la era de la esclavitud, que se extendió desde el siglo XVI hasta entrado el siglo XIX, millones de sus habitantes fueron vendidos a las colonias europeas de Asia y América. Los que pudieron escapar, abandonaron las tierras de cultivo y se internaron en regiones de muy difícil acceso, volviendo a hacerse nómadas para escapar de sus captores, los cuales no eran europeos sino de su misma raza, quienes, ya encadenados, los vendían a los blancos.

AGONÍA: Significa "lucha" o "combate", y procede del griego *agón*, que posee esa misma acepción. En efecto, la agonía es la postrera lucha del hombre contra la invencible muerte, pero la lucha se hace.

ALARMA: Aunque esta palabra es hoy un sinónimo de inquietud o alerta ante un peligro inminente, su verdadero significado es el de preparar a la tropa para entrar en combate. Se cuenta que en los tiempos de la ocupación musulmana en España (711-1492), los pobladores cristianos de las localidades más expuestas, realizaban sus labores cotidianas con sus armas apiladas a su alcance, manteniendo asimismo un centinela que vigilaba el horizonte en espera de alguna sorpresiva incursión de los moros. Al vislumbrar la aparición del enemigo, este daba el aviso con el previamente acordado grito de ¡*Al arma!*, indicando el momento en que los hombres debían dejar el azadón y tomar su espada, lanza, garrote o lo que fuera para defender su aldea y su vida. "A Dios orando y con el mazo dando".

ALBUM: Es una palabra latina que expresa el color "blanco". Para los romanos se refería a una tabla pintada de ese color en la que se escribían, entre otras cosas, los edictos o avisos públicos. En nuestros días es un libro con hojas en blanco, sobre las que se colocan fotografías, sellos de correo o cualquier cosa que se desea guardar o coleccionar.

ALCANCÍA: Como la mayor parte de las palabras castellanas que comienzan con el prefijo *al*, "alcancía" tiene su origen en el término árabe *al-kanziyya*, que era una simple caja que tenía la misma función ahorrativa que se le da ahora a este objeto, aunque no poseía la forma del simpático puerquito con que hoy se encuentra más estereotipada. El puerquito de barro nació en Inglaterra como resultado de un error de interpretación. Resulta que un cliente encargó a un alfarero una *money box* de un tipo de barro llamado *pigg*, pero el artesano entendió que lo quería en forma de *pig*, "puerco" en inglés, y así la hizo. El comprador, quien sin duda poseía un gran sentido del humor, le agradó la figura y la promocionó entre su círculo de amigos, quienes empezaron a encargar a los alfareros, ahora sí, una *pig money box*.

ALEMANIA: En español llamamos alemanes a los habitantes de Deutschland, que es el nombre que ellos le dan a su país, el cual fue colonizado por un sinnúmero de pueblos germánicos, uno de los cuales se denominaba *alemanni*, que significa "todos los hombres", término muy soberbio si consideramos que solamente ocupaban la parte sur y suroeste del territorio germano. De hecho este país, más o menos como hoy lo conocemos, fue creado virtud al Tratado de Verdún (843) en donde los nietos de Carlomagno prácticamente desmembraron el imperio carolingio. Comprendía Sajonia, Franconia, Suabia y Baviera, a los que poco después se integró Lotaringia. El termino *alemanni* que le dieron los romanos, pasó al francés como *allegmane* y al español como Alemania.

ALFABETO: Esta palabra designa la serie o lista de símbolos dados a los sonidos para formar palabras escritas. Procede de las letras alfa y beta, primeras del alfabeto griego; pero en realidad tienen su origen en las letras *Aleph*, que significa "vaca" y *bet*, "casa", con las que principiaba el alfabeto fenicio, de donde los griegos tomaron el suyo.

ALUMNO: Comúnmente se aplica a los educandos que acuden a una institución para recibir instrucción y formación académica, reservando el término de discípulo, preferentemente, al que lo hace en privado con la guía de un maestro particular, aunque pueden considerarse sinónimos. Viene de las palabras griegas *a*, que significa "sin", y *lumen*, "luz", esto es, "sin luz" o faltos de conocimiento, lo que de ninguna manera debe considerarse ofensivo, siempre y cuando se trate realmente de jóvenes deseosos de saber, que habrán de ser iluminados por las ciencias y las artes. Pero si no es ese su ánimo, habrán de permanecer toda su vida siendo "alumnos", es decir, seres sin luz.

AMAZONAS, EL: El río más caudaloso de América y del mundo, que corre por el Brasil y otros países sudamericanos, y cuya agua dulce se puede encontrar a 160 kilómetros desde su desembocadura al mar abierto, fue descubierto por primera vez en 1500 por el navegante español Vicente Yáñez Pinzón, quien lo bautizó con el nombre de Santa María de la Mar Dulce, pues en un principio, debido a su anchura, pensó que se trataba de un mar. A partir de entonces, el río tuvo muchos nombres como río Grande, Orellana o Marañón. Este último tuvo grandes posibilidades de arraigo, pero finalmente fue superado por el de río Amazonas. Algunos refieren el origen de este nombre a que los marinos de Francisco de Orellana, quienes lo navegaron en 1542, creyeron haber visto en sus orillas a grupos hostiles de mujeres armadas que les recordaron a las amazonas de la mitología griega, las cuales, dice el mito, constituían un pueblo de mujeres guerreras que se mutilaban uno o los dos pechos para que no les estorbaran en el combate. La palabra griega *amazos*, significa "sin pechos". Pero volviendo a nuestros intrépidos conquistadores españoles, es poco probable que desde sus embarcaciones hubieran podido contemplar a las guerreras, pues las tribus amazónicas poseían poderosos arcos de tan largo alcance que obligaban a los barcos hispanos a navegar por el centro del río, haciendo imposible, por la anchura de éste, divisar las márgenes sin arriesgarse a un ataque aéreo de flechas. Sin embargo, para abastecerse de víveres, era necesario realizar algunos desembarques, que no pocos veces terminaron en batalla contra los nativos, cuyas mujeres luchaban a su lado como si fueran un guerrero más. Del valor de estas verdaderas amazonas puede que derive el nombre del río.

AMBICIÓN: Forma parte de las pasiones humanas, y se refiere al deseo inmoderado por obtener para sí algún objeto o posición. Proviene del latín *ambire*, que quiere decir "dar vueltas", pues esto era lo que hacían los aspirantes romanos a cargos públicos: ir de un lado para otro solicitando el apoyo de personas importantes que los ayudaran a alcanzar el puesto que en aquellos momentos ansiaban. La ambición puede ser una virtud, cuando no se pierde la dignidad.

AMÉRICA: Una de las mayores injusticias cometidas en esto de aplicar nombres, es la denominación dada al continente americano. El geógrafo florentino Américo Vespucio, quien, entre los años 1499 y 1502, participó en varias explotaciones españolas y portuguesas -comandadas por otros-, a las nuevas tierras descubiertas por Cristóbal Colón en 1492, logró deducir, merced a sus conocimientos, que estas tierras no eran una prolongación asiática, sino que se trataba de un nuevo continente hasta ese momento ignorado por Europa. Así lo sostuvo en una carta que dirigió a Lorenzo di Pier Francesco de Medicis, publicada bajo el título de "Mundus Novus". En 1507, en la versión latina de la "Geografía" de Claudio Tolomeo, el cosmógrafo Martín Waldseemüller redactó una introducción en la que sugería dar al nuevo continente el nombre de *América*, en reconocimiento a la agudeza del navegante italiano, lo que resultó en detrimento de los esfuerzos y peripecias sufridas por Cristóbal Colón, indiscutible descubridor de esas tierras, siendo su único pecado el no haber intuido que no se trataba de las Indias Orientales. Nadie sabe para quién trabaja.

ARGENTINA: Es un término latino que significa "plateado", y que fue dado a este país sudamericano por la precipitada ambición de los conquistadores españoles, siempre sedientos de riquezas. En 1516, Juan Díaz de Solís, buscando un paso hacia el Pacífico, creyó haberlo encontrado al toparse con un ancho río, pero luego de navegar su estuario comprobó que sus aguas eran dulces, por lo que, poco antes de morir a manos de los guaraníes, lo llamó Mar de Agua Dulce, por ser, dijo, "un agua muy espaciosa y no salada". En 1527, desembarcó en la región Sebastián Cabot, un inglés al servicio de España, como lo había sido su padre, y habiendo recibido muchos presentes en plata por parte de los nativos, su ambición lo llevó a creer que había encontrado otra fuente de riqueza argentífera semejante a la de México o Perú. Y sin mayores indicios, rebautizó al afluente como Río de la Plata, que si bien es un metal precioso que existe en el lugar, no lo había, ni remotamente, en las proporciones que Cabot se imaginó. Pero el nombre se sostuvo y se trasmitió a toda la región, llamándola Provincia de Río de la Plata, que formó parte del virreinato del Perú hasta 1776, año en que Carlos III le otorgó la categoría de virreinato. El nombre de Argentina derivó del de Río de la Plata, a cuyos habitantes se les daba el gentilicio de argentinos, y con el tiempo pasó a denominar a toda esta nación luego de su independencia.

ARTERIAS: Alude a los vasos sanguíneos que llevan la sangre del corazón a las demás partes del cuerpo. Encuentra su raíz en el griego *artería*, con que lo bautizó el médico griego Praxágoras, nacido en la isla Cos, cuna de la medicina hipocrática, allá por el siglo IV a. C., y que significa "tubo que conduce", aunque para Praxágoras, lo que conducían las arterias no era sangre sino aire. Este error se debía a que el sabio ignoraba que las arterias de un cadáver se vacían, por lo que en sus autopsias no encontraba nada en ellas. Cuánta razón, sabiduría y humildad poseía su contemporáneo Sócrates al aseverar que nada sabía.

ASESINO: Proviene de la secta secreta de los neoismaelies o nizaríes, del siglo XI, a cuyos miembros se les llamaba hasisyun fida'i, conocidos comúnmente como *haschischin*, por ser adictos al consumo de una planta embriagadora que bebían como infusión, llamada *hasis* o *hasís*, extraída de las hojas de la *cannabis índica,* bajo cuyos influjos cometían sus crímenes. Aunque compartían con el islamismo algunos de sus principios, su artículo de fe era el asesinato sistemático de sus enemigos político-religiosos. Fueron exterminados definitivamente hacia 1272 por el mameluco Baybars, pero su nombre, castellanizado como "asesinos", continúa aplicándose a quienes quitan la vida a otros.

ATLAS: Recibe esta denominación la colección encuadernada de mapas geográficos que contienen la descripción pormenorizada de la cartografía y la topografía a escala de países, continentes y zonas de nuestro planeta. En la mitología griega, Atlas era un titán, hijo de Yapeto, que por alentar a los gigantes en su guerra contra los dioses, Zeus lo condenó a sostener el cielo sobre sus hombros por toda la eternidad. La versión de que cargaba al mundo sobre sus espaldas fue muy posterior. En 1585, el geógrafo flamenco Gerhardus Mercator (1512-1594), astrónomo de Carlos V, publicó un libro que contenía mapas de varias regiones de Europa y se le ocurrió poner en la portada, además del título de su obra, la figura del titán Atlas, con lo que la gente la identificó, y de ahí en adelante llamó con este nombre a todas las publicaciones de esta índole. No cabe duda que una imagen dice más que mil palabras.

ATRIO: Actualmente esta palabra se refiere al patio abierto, generalmente cercado de pórticos, que funciona como vestíbulo en algunas iglesias, edificios o casas. Aunque el origen de este espacio parece ser micénico, su nombre se lo debemos a los romanos, cuyas viviendas en el siglo III a. C. estaban constituidas exclusivamente por el atrio, es decir, constaba de una sala rectangular con un orificio cuadrado en el centro del techo, teniendo la cocina en un extremo y los dormitorios en el otro. Para que el humo de la fogón no se encerrara, se practicaba un orificio en el techo que no era suficiente para desplazarlo por completo, de tal suerte que el techo y las paredes siempre se hallaban cubiertas de hollín, derivándose de ello el término de *atrius*, que significa "negro", ya que de ese color estaban manchadas todas las casas de la antigua Roma. Con el tiempo, las viviendas se alargaron y las habitaciones se fueron construyendo en la parte trasera del terreno y hasta la cocina tomó un lugar menos contaminante, destinándose la parte frontal sólo como sitio de reunión de la familia, aunque continuó llamándosele *atrius*.

AUSTRALIA: Durante muchos años, los sabios hablaron de la posible existencia de un continente desconocido que deberían localizarse al sur del planeta para compensar los extensos territorios del hemisferio norte. Lo denominaban con el sugestivo nombre de *Terra Australis Incognita*, que quiere decir, "Tierra del Sur Desconocida", que efectivamente existía. Australia, como habría de llamársele luego de que dejara de ser "desconocida", fue descubierta por los holandeses en el siglo XVII, quienes desembarcaron en el Golfo de Carpentaria, esto es, en la parte norte; pero mantuvieron el hallazgo en secreto en tanto decidían que hacer con la nueva tierra. La verdad es que no tenían la menor idea. Sus pobladores no parecían ser clientes potenciales para sus productos, en tanto que su lejanía del mundo civilizado encarecía considerablemente los productos que de ella pudieran extraerse, por lo que prácticamente quedó olvidada. No sería sino hasta la segunda mitad del siguiente siglo, en 1770, que el capitán inglés James Cook puso sus pies en el remoto continente, con iguales resultados, pues pasarían otros 25 años, más o menos, para que los ingleses le encontraran a estas tierras una utilidad práctica, que no fue sino la de establecer en ella colonias penales. A esto le llamo apartar a un delincuente de la sociedad. El gran desarrollo de Australia tendría lugar hasta 1851, con el descubrimiento en ella de ricos yacimientos de oro y la práctica de la cría de ganado lanar en sus dilatados pastizales.

AUSTRIA: Originalmente, en tiempos de Carlomagno, a esta región se le denominaba Ostmark o Marca Oriental (Ver Marqués) y comprendía más o menos lo que hoy es Austria. Tiempo después, al independizarse y convertirse en potencia, recibió el nombre de Osterreich o Reino del Este, término que pasó al castellano como Austria, que nada tiene que ver con la palabra austral o sur, sino que se debe a una incorrecta pronunciación de Osterreich (de lo que no los culpo). Durante la ocupación nazi a ese país (1938), se le restableció su antiguo nombre de Ostmark, que mantuvo hasta su liberación en 1945.

AZAFATA: Es la denominación con que comúnmente se les conoce a las (o los) sobrecargos o personas que atienden a los pasajeros de un avión comercial, pero su origen nada tiene que ver con la era de la aviación, sino que se trataba del distinguido empleo que algunas damas de la reina tenía, consistente en sostenerle la bandeja o *azafate* de sus joyas o cosméticos durante el arreglo de su real persona.

B

BABIA: Se trata de una región española localizada en las montañas de León, a donde, en la Edad Media, los reyes de León y Asturias acostumbraban retirase a descansar del agobio de sus funciones reales. Pero aquellos eran tiempos difíciles, en los que abundaban la intriga y la traición, lo que hacía muy peligrosos estos retiros. Por ello, la frase "Estar en Babia", vino a significar lo mismo que estar distraído o como en la luna.

BANCA: Estas instituciones de crédito denominadas "banco o banca", en donde solemos realizar nuestras operaciones financieras, ya existían, de manera muy rudimentaria, en épocas de los sumerios, quienes legaron dicha práctica a los asirios y babilonios. Estos establecimientos se encontraban ubicados junto a los templos. Pero en sus inicios no se referían a sitios en los que se llevaran a cabo operaciones como las que conocemos, sino solamente recintos donde se guardaban objetos preciosos no deteriorables, como las monedas, cuando estas se inventaron. Ocurrió con el tiempo que estos establecimientos, al contar con considerables sumas disponibles, empezaron a realizar préstamos sobre ellas, en las que ganaba tanto la institución como el dueño de los bienes. Por ejemplo, sabemos que en la antigua Grecia, la banca de Delos, facilitaba dinero al diez por ciento. Más aún, los clientes podían emitir documentos de pago que eran cargados a la suma que el establecimiento tenía bajo su resguardo, algo muy parecido a nuestros cheques actuales. En la Edad Media, las funciones de estos establecimientos desaparecieron, y no resurgieron sino, como otras muchas instituciones antiguas, hasta el Renacimiento, especialmente en Italia, país al que debemos su actual nombre de *banca*. En ese entonces, los cambistas (banqueros en ciernes) interponían entre ellos y sus clientes una "banca", sobre la cual discutían y realizaban sus transacciones, de ahí el nombre. Hoy se efectúan similares operaciones financieras, mediando entre las partes un mostrador o un escritorio que funcionan de la misma manera.

BASÍLICA: Los romanos llamaban basílica (del griego *basiliké*) a un edificio de amplios interiores en el que los comerciantes acostumbraban reunirse para realizar sus negocios. Este mismo inmueble, por su amplitud, se utilizaba para realizar asambleas públicas. Al principio de la era cristiana, estos edificios fueron aprovechados y adaptados como lugar de culto para la nueva religión. Paralelamente se fueron construyendo otros casi idénticos en cuanto a disposición de la planta, utilización de columnas laterales y otros elementos propios de las basílicas romanas destinadas a los actos de la vida pública. Tan similar era su arquitectura que ha conservado hasta nuestros días el mismo nombre del edificio pagano.

BAYONETA: Los primeros fusiles, luego de ser disparados, requerían de todo un ritual para volver a cargarlos y usarlos, de modo que cuando el enemigo se hallaba ya encima de los fusileros, el arma prácticamente resultaba inútil. A los habitantes de Bayona, ciudad localizada al suroeste de Francia, se les ocurrió fabricar un arma blanca que pudiera ajustarse al cañón del fusil y usarse en el combate cuerpo a cuerpo a manera de lanza, dándole el nombre de *balonnete*, por ser oriunda de Bayona.

BIBLIA: Este título con que comúnmente se conocen a las Sagradas Escrituras, no fue conocido en tiempos de Jesús. En esos años, los judíos se referían a los rollos sagrados con términos como "los que manchan las manos", Escrituras, o bien, la Ley y los profetas. Los judíos llaman *Tanaj* al Antiguo Testamento, y a los primeros cinco libros que los cristianos denominan *Pentateuco*, ellos les dan el nombre de *Torah,* que significa Ley. No fue sino hasta poco después de su canonización, es decir, de la selección de los libros que la Iglesia Católica Romana definió como inspirados por Dios -efectuada hacia el año 382 durante el pontificado de Dámaso I-, que el patriarca de Constantinopla, Juan Crisóstomo (m. 407) comenzó a referirse a ellos con el nombre de Biblia (*ta Biblía*), del vocablo griego *biblos*, que es el plural de *biblion*, que significa "libro", con lo que este santo varón quería distinguirlo de otros escritos, indicando que estos eran los únicos y verdaderos libros, esto es, el *Libro de los libros.* Cabe señalar que el término *Testamento* con el que también se le conoce, y que, acompañado de los adjetivos *Antiguo* o *Nuevo*, separan el mensaje en antes y después de Cristo, es también erróneo, pues la traducción correcta es "Acuerdo" o "Pacto", y no legado o testamento. Pero el origen propiamente dicho de la palabra *biblos*, se debe a la ciudad de Biblos, puerto fenicio que se ubicaba en las actuales costas libanesas y que, entre otras cosas, se caracterizaba por su alta producción de papiro que exportaba a varias partes del mundo, principalmente a Egipto. Tan considerable era este comercio que terminó por dársele a los papiros ya escritos el nombre de esta ciudad.

BIGOTE: Carlos V, nació y creció en Flandes; heredó, de su abuelo paterno Maximiliano I el imperio germánico, y de su abuelo materno, Fernando V el Católico, la corona de España. De modo que cuando, para ser coronado, viajó por primera vez a este último país del que no conocía ni siquiera el idioma, arribó, como era de esperarse, acompañado de un nutrido séquito formado por alemanes, quienes tenían la costumbre de saludar tocándose la boca con los dedos de la mano al tiempo que decían ¡*Bei Gott!*, que en su idioma significa ¡Viva Dios! Como los españoles tampoco sabían nada de alemán, pensaron que se referían a su mostacho, al que comenzaron a llamar bigote.

BIKINI: Aunque el traje baño femenino de dos piezas es anterior al llamado bikini, éste se caracteriza por dejar al descubierta la zona del ombligo y, actualmente, por ser cada vez más reducido. Salió al mercado allá por 1947, pero sus inseguros diseñadores, temiendo que pudiese pasar desapercibido (no entendemos por qué), decidieron bautizarlo con el nombre del atolón Bikini, de las islas Marshall, que por aquel tiempo se hallaba de moda por haberse efectuado en él, el 25 de julio de 1946, unas muy comentadas pruebas atómicas por parte de la marina de los Estados Unidos. No obstante, esta sugestiva prenda no era nueva para el mundo, pues las mujeres romanas ya la usaban en el siglo I d. C. ¡Qué bueno que la moda tiende a volver!

BISIESTO: Se le llama así al día que cada cuatro años tenemos que agregarle al mes de febrero para ajustar nuestro aún imperfecto calendario. Proviene del latín *bisextus*, que quiere decir "dos sextos". Esto se debe a que los romanos del tiempo de Julio César, de cuyo gobierno parte el calendario juliano, antecesor del actual calendario gregoriano, no tenían un día 29 de febrero sino, digámoslo así, dos días 23. Empero, ellos no contaban los días progresivamente, como lo hacemos nosotros, sino que los iban descontando en relación al principio de un mes, "calenda", o la mitad de un mes, "idus" (13 ó 15, según el mes), o bien, a la "nona" que correspondería a los días 7 de marzo, mayo, julio y octubres, y a nuestro 5 de los demás meses del año. De modo que lo que para nosotros sería el 23 de febrero, para ellos era el sexto día antes de la calenda de marzo, pues restaban aún seis días para que éste iniciara; pero cuando el año era bisiesto, faltaba otro sexto día aparte del sexto original para alcanzar la calenda del siguiente mes. Por cierto, febrero era el último mes del calendario romano, y esa era la razón por la que precisamente se le agregaba a él un día más en los años bisiestos, lo que resulta comprensible. Lo que ya no es tan lógico es que nosotros continuemos haciéndolo de ese modo y no en diciembre.

BISOÑÉ: Esta corta peluca que los vanidosos usan para ocultar su calvicie, engañándose, muchas veces sólo a sí mismos, deriva de una palabra francesa que no tiene ninguna relación con cuestiones capilares. En la época en que las pelucas eran una moda, su precio (como lo sigue siendo ahora) era muy elevado para la mayoría de la gente, de modo que aquellos que deseaban estar a la moda, pero carecían de los medios suficientes que ello exigía, optaban por el uso del bisoñé, con el que, si bien cubría la parte frontal de la cabeza, por otro lado descubrían a los demás su estrecha situación económica, pues la palabra francesa *besogneux*, de la que deriva el vocablo, indica "necesidad" o carencia de recursos.

BOICOT O BOICOTEAR: Es la cesación voluntaria de las relaciones sociales, comerciales u otras con una persona o empresa a efecto de obligarla a ceder en lo que se le exige. Su origen se remonta a 1879, año en que amenazaba a Irlanda una carestía parecida a la sufrida en 1845 cuando el país padeció una hambruna que causó la muerte de varios de sus habitantes sin que Inglaterra hiciese nada por aliviar la terrible situación que atravesaba este país asociado por la fuerza a la Gran Bretaña. Aún así, Charles Cunnigham Boycott, agente del conde de Erne, uno de los propietarios ingleses del condado de Mayo, se negó a reducir los impuestos y hasta intentó echar a la calle a quienes no pagaran la renta de sus casas. Como castigo a su falta de humanidad, los vecinos acordaron privarlo, por el resto de su vida, de toda amistad y relación social con ellos.

BURGUESES: La doctrina política socialista llama burgueses a los dueños de los medios de producción, esto es a los patrones, industriales y gente acomodada. Se trata de una palabra que evolucionó como parte del desarrollo de la civilización. Deriva del vocablo germano *burgs*, que significa aldea o población, y que fue asimilado por el latín *burgus* para referirse a un poblado pequeño que dependía de una ciudad. Los burgos comenzaron su auge durante la Baja Edad Media, en el que fueron asentamiento, principalmente, de artesanos y comerciantes que por estar exentos del tributo a los señores feudales llegaron a enriquecerse y fortalecerse socialmente hasta integrar una clase media entre los nobles y los siervos. Aliados a los reyes, que constantemente luchaban contra la nobleza, lograrían con el tiempo desbancar a ésta y convertirse en la clase económica más poderosa de la sociedad. Pero en sus orígenes, el término sólo hacía referencia a quienes habitaban en una ciudad o burgo. Muchas ciudades conservan hasta hoy ese sufijo unido a su nombre, como Edimburgo, Johannesburgo, Hamburgo, Estrasburgo, etcétera.

C

CABALLERO: El célebre legislador de Atenas, Solón (m.558? a. C.),considerado uno de los Siete Sabios de Grecia, dividió a los ciudadanos atenienses en cuatro clases, una de las cuales eran los *caballeros*, es decir, aquellos que poseían caballos, y que tenían como obligación proporcionar cuando menos uno al ejército. Hoy en día el vocablo se aplica a un hombre educado y pulcro en su vestir, aunque no tenga caballo.

CAFÉ: Esta bebida que muchos acostumbramos tomar por las mañanas, y algunos durante todo el día, es de origen árabe y proviene de la palabra *Qahwah*, que significaba "estimulante", debido sin duda a sus propiedades reanimantes, aunque también llamaban así al vino, pese a que el primero nos mantiene despiertos, en tanto que el segundo nos motiva a dormir. Los árabes, que ya lo bebían en el año 850, lo trasmitieron a Turquía con el nombre de *cahvé*. Sin embargo, no apareció en Europa antes de 1517, a través de Venecia, la puerta del Oriente, donde se le conoció como *caffe turco*; en 1632 se abrió en Londres el primer expendio de *coffee* y para 1643 era ya popular en París con el nombre de *café*. La primera cafetería se abrió en Oxford en 1650. En México fue plantado por primera vez en 1812, en plena guerra de independencia, por el español Juan Antonio Gómez de Guevara, en Córdoba, Veracruz. Y aunque el café mexicano posee excelente calidad, el mejor café del mundo no es el suyo ni el de Arabia, sino el de Brasil, aunque los brasileños acostumbran tomarlo tan caliente, que no tienen oportunidad de saborearlo.

CALENDARIO: Entre los antiguos romanos el primer día de cada mes era "proclamado" por el Sumo Sacerdote, el término latino de este acto era *calare*, de donde se deriva la palabra calendario (Ver Julio).

CANDIDATO: Alude a una vestimenta de color blanco, llamada *candidatus*. Esta toga solían usarla en la antigua Roma aquellos que se presentaban a los comicios con la intención de ser elegidos para algún cargo electivo. Hoy el término se ha extendido a todo aquel que aspira a obtener un puesto público o privado, o algún otro tipo de distinción, y aunque ya no visten de blanco, se hacen fama de blancas palomitas.

CANGURO: Aunque no se cuenta con pruebas categóricas acerca de esta aseveración, la historia del origen del nombre dado por lo ingleses a este fascinante marsupial es muy popular. Se cuenta que cuando el intrépido explorador James Cook (1728-1779) y sus hombres llegaron a Australia, les llamó la atención aquella encantadora y saltarina criatura de larga cola, por lo que, sin deparar en la barrera idiomática, preguntaron a los nativos el nombre del animalito, recibiendo como respuesta la palabra *kan-gu-ro*, y de inmediato lo registraron así. Pero lo que en realidad les respondieron fue "no le entiendo". Cierta o no, la anécdota no deja de ser simpática.

CANTINFLEAR: He aquí una aportación mexicana a nuestro idioma. La debemos a nuestro llorado actor cómico Mario Moreno (1911-1993), más conocido como "Cantinflas", que era el nombre del personaje del peladito que él hizo famoso en las pantallas nacionales e internacionales. Aunque nunca explicó la procedencia del singular apelativo, algunos lo asocian a los vocablos "cantina", e "inflar", que en el caló de los barrios mexicanos significarían "beber alcohol en las cantinas". Esto parece poco probable, toda vez que el simpático personaje no parodiaba precisamente a un borrachín, sino a un risueño y patético peón a quien caracterizaba su nobleza de corazón y su original estilo de hablar mucho sin decir nada, que es a lo que se refiere la palabra "cantinflear". Pa' que me entiendas, chato, es como quien dice, y luego, pues como que no, y por a'i va el detalle, joven.

CARDENAL: Se aplica actualmente a los consejeros y electores del Sacro Colegio, a quienes algunos llaman incluso "príncipes de la Iglesia". Pero tiene su origen en la palabra latina *cardines*, que significa "ángulos o goznes", vocablo que pasó a designar a los prelados o designatarios de la Iglesia que asistían al Papa en la misa que éste daba, situándose para ello en los cuatro ángulos del altar, por lo que recibían el nombre de *ad cardines altadis*, y que con el tiempo se redujo a "cardenales". No confundir con monaguillo, por favor.

CARNAVAL: Aunque de origen incierto, estas festividades mundanas que se practican en algunas ciudades del mundo cristiano, con fecha y duración variable pero siempre antes de la cuaresma, parece ser una conjugación de las palabras del latín vulgar *carne* y *levare*, que significa "quitar la carne", lo que parece referirse a la prohibición de comer carne en los cuarenta días que anteceden a la Semana Santa, especialmente los viernes, aunque dicha prohibición solamente simboliza la necesidad que para salvarse tiene la humanidad de dejar lo carnal y adoptar una vida más espiritual. Pero como los hombres siempre interpretamos las cosas de Dios al revés, hacemos de estas festividades, año tras años, verdaderos bacanales. Pues al parecer eso es lo que son, remembranzas de los antiguos bacanales dedicados al dios Baco o a los saturnales del dios

Saturno, fiestas ambas paganas en donde se permitía convivir a nobles y plebeyos como iguales, lo que en principio no era malo, pero en las que se cometían toda clase de excesos, como más o menos se sigue haciendo ahora en los carnavales de Río de Janeiro, Venecia, Santa Cruz de Tenerife, Nuevo Orleáns y muchos otros más. Apenas concluidos éstos, sus patrocinadores y adeptos comienzan de inmediato a concentrarse en los preparativos para el próximo año, no quedando claro si estos creyentes esperan con más ilusión el Carnaval o la Semana Santa.

CEMENTERIO: Parece ser que el silencioso y casi siempre desolado terreno destinado a sepultar a nuestros muertos, no tiene aún un nombre apropiado para este natural e inevitable suceso de la vida. Quizá el horror que sentimos ante la sola mención de la Muerte sea la causa de que hayamos preferirlo darle a nuestro lugar del eterno descanso nombres como "Campo Santo", como si esa tierra tuviese algo de santa; *necrópolis*, que significa "ciudad de los muertos", como si estos aún conservaran sus derechos ciudadanos; *panteón*, que quiere decir "todos los dioses" y que deriva de un templo romano llamado Pantheón, donde se daba culto a todas sus deidades, y que después pasó a denominar los monumentos funerarios. La palabra "cementerio", que nada tiene que ver con cemento, no es la excepción, proviene del griego *koimetérion*, que quiere decir "dormitorio". Estamos conscientes de que algún día iremos ahí…nomás no empujen.

CENSOR: Se da este término a aquél que tiene la autoridad para censurar un acto, que desde su punto de vista, atenta contra la moral y las buenas costumbres. En el pasado era la designación dada a un cargo creado por el gobierno romano en el año 443 a. C. Los censores eran los recaudadores de impuestos. Para determinar lo que cada ciudadano debía pagar al erario público, llevaban a cabo, cada 5 años, un censo, con el que evaluaban las propiedades de los contribuyentes. Posteriormente se les dio la facultad de excluir de las funciones públicas a aquellos ciudadanos que hubiesen incurrido en acciones inmorales, pero, como ya se dijo, en un principio sólo eran los encargados de realizar el *census* o censo de la población romana.

CESÁREA: Esta intervención quirúrgica consistente en encausar el nacimiento de un bebé por medio de una incisión practicada en el abdomen de la madre en los casos en que no es posible que ésta lleve a cabo un parto natural, tiene su origen en una ley romana conocida como la *lex Cesaria* (nombre de quien la legisló), que ordenaba que toda mujer embarazada que muriera poco antes de dar a luz, fuera abierta a efecto de darle al niño oportunidad de vida. Se dice que Cayo Julio César tenía ese último nombre por haber nacido por medio de cesárea, versión que no está documentada. Los romanos tenían tres nombres: su nombre de pila, luego el de su *gen* (Ver gentilicio) o familia y el apodo de un antepasado famoso, como Flaco, Cicerón (chícharo), Estrabón (bizco). Algunos aseveran que *César* significa "cabellera", y que este apodo familia no era muy del agrado de Julio César, debido a que él era calvo, como podemos constatar en las estatuas que de él se conservan. Aunque la cesárea se ha practicado desde la antigüedad, no fue sino hasta 1888 que Sänger estableció el método clásico que hoy se conoce. Por cierto, la participación de un médico en un parto es prácticamente reciente, pues por muchos siglos estuvo prohibida la intervención masculina. En Alemania, la presencia de hombres en un parto se prohibió por ley en 1580 y se sabe que en el Hamburgo medieval, un hombre fue llevado a la hoguera por auxiliar a una parturienta.

COCO: Si se han preguntado por qué se dio el nombre de este fruto de algunas palmeras al personaje mítico con el que se suele espantar a los niños, la verdad es que fue a la inversa. En 1550, los marinos que con Vasco de Gama llegaron a la India, conocieron por primera vez este fruto y quizá, en una regresión infantil de sus mentes, lo imaginaron con ojos y boca y lo asociaron al fantasma infantil al que temieron en su niñez. Aunque también puede ser que solamente le encontraran forma de cabeza o coco, como se le dice en Portugal a la parte superior de nuestro cuerpo.

COCTEL: Es una voz inglesa que se refiere a un combinado de licores, que en sus inicios recibió el nombre de *cocktail*. Tuvo su origen en un hecho curioso. Un tabernero, quien tenía un gallo de pelea, es decir, un *cock*, quiso un día celebrar la victoria de su aguerrida ave sirviendo a sus clientes una mezcla de licores que denominó *cock-tail* o "cola de gallo", en honor a su pendenciera mascota de terribles espolones.

COMPAÑERO: Está formada por dos vocablos latinos *cum*, que significa "con" y *panis*, pan. En un principio se aplicó a aquellos que comían con pan; pero al hacerse esta práctica tan común, pasó a referir a aquellos que simbólicamente comían del mismo pan, es decir, que eran compañeros. Hoy es muy utilizada por los líderes sindicalistas para referirse a sus agremiados, aunque no compartan con ellos ni un pan.

CONDE: Su nombre deriva de los llamados *comites*, que significa "compañeros", que era el nombre con el que se designaba a los que acompañaban al emperador romano. En tiempos de Constantino, los condes eran los responsables de defender las fronteras, por lo que su cargo era más que nada militar. Con la ocupación lombarda en Italia, y el acrecentamiento de los "duques", la influencia de los condes disminuyó. El duque pasó a ser el representante militar del monarca (Ver Duque), en tanto que el conde, encargado de un condado, lo fue de lo civil. Los condados eran provincias ubicadas en las fronteras, que en épocas de Carlomagno funcionaban como Departamentos administrativos del imperio, y en donde el conde era el encargado de vigilar el orden público, controlar la circulación de la moneda, la recaudación de impuestos y, en caso de guerra, de reclutar tropas. Un grupo de condados integraban una Marca, por lo que los condes estaban supeditados a un marqués (Ver Marqués), pero sólo en el aspecto militar, siendo autónomos en cuanto a lo civil o administrativo. Los condes disponían a su vez de un sustituto, denominado *vizconde*, quien se hacía cargo de la administración en caso de ausencia del titular. En el Sacro Imperio Romano Germánico, se les daba el nombre de *landgraves*; en Inglaterra, en un principio, se les denominó *ealdorman* y, después de la invasión danesa, *earl*, y en España, desde los reyes visigodos, llevaron el título de condes, que se hizo hereditario. Las funciones y el poder variaban según el país y la época. Pero, como sucedió con los demás tratamientos aristócratas, con el tiempo el título de conde se hizo honorífico, y lo mismo se otorgaba a un político o militar, que a un civil que por alguna razón hubiera descollado en el campo de la economía, las ciencias, las artes, etcétera.

CORBATA: Proviene de la palabra serviocroata *hruat*, gentilicio que se dan los "croatas", cuyos soldados fueron los primeros en utilizar este aditamento como parte de su uniforme militar. Fue conocida por primera vez en Francia en 1636, cuando un destacamento croata, de donde deriva esta palabra, prestó servicio en ese país. Actualmente, éste accesorio inútil, incómodo pero elegante es parte imprescindible del buen vestir de un caballero distinguido.

CORN FLAKES. Como muchos otros inventos, las llamadas hojuelas de maíz tostadas, conocidas por el nombre genérico de *corn flakes*, fueron descubiertas por accidente. A fines del siglo XIX, los médicos y hermanos John y Harvey Keith Kellog, prestaban sus servicios en un hospital Adventista. Cierta mañana de 1894, olvidaron quitar de la lumbre una cocción de trigo que iban a servir a los pacientes hospitalizados. Por fortuna, el alimento no se quemó, pero tomó una consistencia crujiente. No habiendo otra cosa que ofrecer, lo sirvieron como desayuno, recibiendo por ello muchos halagos de parte de los enfermos. Aunque John prefirió continuar con la práctica de la medicina, su hermano Harvey resolvió probar suerte con el invento, y en 1909 abrió la primera fábrica de *corn flakes*, que significa "hojuelas de maíz", pues también decidió cambiar el trigo por este otro cereal.

COSTA RICA: Cualquier individuo codicioso podría suponer que la República de Costa Rica debe su nombre a su enorme riqueza en oro, plata y piedras preciosas que pensaría abundan en su territorio. Estas tierras fueron visitadas por Cristóbal Colón durante su cuarto viaje y exploradas por su hermano Bartolomé, quienes, quizá, al no encontrar nada que fuera de su interés, se volvieron sin fundar allí ninguna colonia. No fue sino hasta veintidós años más tarde, en 1524, que, con otra visión, desembarcó en el sitio Francisco Fernández de Córdoba, quien impresionado por la gran variedad de fauna y flora de la región, a lo que consideró toda una riqueza, la llamó Costa Rica. Bueno, los naturalistas siempre han sido un tanto exagerados.

CH

CHAMBA: Aunque en otros países posee distintas acepciones, en México se refiere, principalmente, a un trabajo por lo general provisional o transitorio. Esta voz apareció en los años 40 entre los emigrantes mexicanos trasladados a los Estados Unidos para desempeñar allá actividades, primordialmente, agrícolas. Una vez concluida la actividad, y quedando automáticamente desempleados, se dirigían a la agencia de empleos Chamber of Comerce, que significa Cámara de Comercio, para solicitar un nuevo trabajo o chamba, un derivado inexacto de *chamber*.

CHARLATÁN: Se llama así a aquellos que hablan mucho, extendiéndose el término comúnmente a quienes lo hacen con la intención de embaucar a los oyentes y convencerlos de una falsedad. Su origen se remonta a una práctica a la que recurría la Iglesia Católica cuando requería de fondos. En estas situaciones de crisis o necesidad se ponían a la venta las llamadas "indulgencias", cuya compra garantizaba a los que las adquirían el perdón de sus pecados, sin necesidad de que mediara arrepentimiento alguno, o cuando menos así se entendía. Por razones que se desconocen, los italianos llamaban a los vendedores de indulgencias *cerratos*, es decir, habitantes del poblado de Cerrato, situado a 150 kilómetros de Roma, quizá porque algún vendedor notorio fue originario de este lugar o por el sentido comercial que tal vez caracterizaba a sus pobladores.

Con el tiempo, el término declinó en el vocablo *cierlatano*, probablemente un juego de palabras entre *cerrato* y *ciarlare*, voz, esta última, que significa "conversar o platicar", pasando al castellano como "charlatán" y terminando por aplicarse a cualquier sujeto de habla rápida o que trata de engañar con su palabrería a otros.

CHICLE: Esta costumbre de masticar el látex de un árbol tropical llamado zapote, ya se practicaba entre los mayas y los nahuatls, quienes lo llamaban *tzictli*, de donde proviene su nombre, aunque lo hacía sólo por el gusto de hacerlo, pues no tenía ningún sabor. Durante la colonia se continuó con este hábito y se preparaba en marquetas, llamadas "pan de chicle". Durante el destierro Antonio López de Santa Anna, en Staten Island, cerca de Nueva York, el inventor Thomas Adams tuvo la oportunidad de presenciar cómo el ex dictador mexicano, extraía de su bolsillo pequeños trozos de chicle para masticarlos. En 1869, Adams importó de México 2,300 kilos de chicle e inventó una máquina que los convertía en tiras o pastillas largas, delgadas y dividas por muescas, que vendía a un centavo. Un boticario de Louiseville, de nombre John Colgan, le agregó sabor; el chicle de menta, ideado en 1880, fue obra de un comerciante de Cleveland; otro estadounidense le agregó pepsina y lo comercializó como un digestivo. Pero fue William Wrigley Jr. quien en 1892 lo industrializó a escala mundial. Y los mexicanos, nomás mirando.

CHILE: El nombre de esta república sudamericana nada tiene que ver con el picoso condimento de la comida mexicana que ni siquiera se acostumbra en ese país. Chile procede de la lengua aymara, y significa "donde se acaba la tierra", lo que resulta muy comprensible, pues a él pertenece la rocosa punta de Cabo de Hornos, el punto más meridional del continente americano.

CHIMPANCÉ: Este mono antropomorfo oriundo del África tropical y muy conocido por su notable inteligencia y reacciones casi humanas, no fue conocido en Europa sino hasta el siglo XVI. Uno de los primeros especímenes que llegó a ese continente fue el adquirido por el príncipe Federico Enrique de Orange-Nassau, quien en su propiedad contaba con un área llamada Casa de la Fieras, en la que coleccionaba animales raros. El antropoide fue descrito en 1641 por el doctor Nicolaes Claes Tulp, fundador del Colegio de Medicina de Amsterdam y que aparece retratado en el célebre cuadro de Rembrandt titulado "La lección de anatomía". Tulp denominó a esta especie *satyrus indicus*, "sátiro índico", lo que seguramente no convenció a muchos de los que se encariñaron con el simpático simio. En 1738 llegó a Londres una hembra de la especie, capturada en Guinea, a la que los bromistas gustaban vestir con ropas de seda y a la que llamaban "Kampensi" o "Chimpanzi", nombre tomado de la lengua bantú que parece haber gustado más, pues aunque su calificativo científico es *pan troglodytes*, pasó a Francia como *quimpenzé*, cambiando después a *chimpanzé*, llegando al español como chimpancé. Este animal es muy empleado en los laboratorio para el estudio de las enfermedades que afectan al hombre, pues existe tanta similitud en este campo que el chimpancé es el único animal al que podemos contagiar con nuestra molesta gripe.

CHINA POBLANA: A los esclavos que se adquirían en Manila, Filipinas, se les solía llamar "chinos", sin importar su verdadera nacionalidad. Hacia 1618, la excéntrica pareja de españoles formada por el capitán Miguel de Sosa y su esposa, avecindados en la ciudad colonial de Puebla de los Ángeles, tuvieron el capricho de poseer una esclava china, pues, hasta esa fecha, no existía ninguna en la Nueva España. Para alcanzar su objetivo, le encargaron a un amigo que iba para ese archipiélago la compra de una niña, para educarla, dijeron, según sus costumbres. El resultado fue una pequeña de cinco o seis años, quien ya había sido bautizada en Filipinas con el nombre de Catalina de San Juan, quien por lo demás no era asiática pura, sino mestiza, pues tenía el cabello rubio. Con los años, la "china poblana", como le nombraban sus contemporáneos, se casó con otro esclavo de nombre Domingo, y falleció en el año 1688. Esa es a grandes rasgos toda la historia, siendo falso que haya sido la creadora del recargado y bello traje regional conocido mundialmente como de "china poblana", que se usó en muchas regiones de México, pero que sólo se arraigó en el estado de Puebla. Que el traje esté en parte inspirado por algunos elementos orientales, es otra cosa; pero por lo que toca a Catalina de San Juan, ésta, tal vez, en algunas ocasiones lo portó, y eso, quién sabe.

CHOCOLATE: La raíz de dicha palabra es de origen nahuatl. A esta bebida, hecha a base de cacao, los aztecas la llamaban *xocoatl*, que significa nada menos que "agua agria", denominación que sin duda nos parece impropia para una golosina de sabor tan agradable, sobre todo para los niños. Pero los antiguos mexicas tenían razón. Para preparar el *xocoatl*, tostaban y molían las almendras del cacao y las mezclaban con maíz igualmente molido, de la que resultaba una pasta muy grasosa y amarga a la que agregaban un poco de vainilla para mejorar su sabor. Lo que de esa bebida llamó la atención de Hernán Cortés no fue ciertamente su sabor sino los efectos energéticos que producían en quienes la tomaban, por lo que la utilizó para fortalecer a sus agotados soldados. Conocida en Europa esta propiedad reanimante, la Iglesia consideró el brebaje como probablemente diabólico, por lo que solamente autorizó su consumo en caso de debilidad causada por alguna enfermedad. Sin embargo, a alguien, posiblemente un cocinero de Carlos V, se le ocurrió agregar a la mezcla original azúcar y canela, convirtiéndola en una sabrosa golosina. Más tarde, probablemente los suizos, la combinaron con leche y hasta la propia Santa Sede, cedió.

CHOVINISMO: Este desmedido sentido de patriotismo que algunas personas expresan por su país, tuvo sus principios en el bonapartismo. Los soldados de Napoleón idolatraban a su emperador y caudillo, a tal extremo que estaban dispuestos a dar la vida por él sin importar que su sacrificio fuera o no de provecho para su causa, con tal de demostrar su adhesión incondicional al hombre que marcó toda una época. Entre aquellos soldados idólatras de este genio militar, sobresalió Nicolás Chauvin, quien a lo largo de las campañas napoleónicas recibió 17 heridas, la amputación de tres dedos y una horrible mutilación en la frente. Su apellido dio lugar a la palabra francesa *chauvinisme* y esta al galicismo "chovinismo", que a lo largo del siglo XIX, se extendió por el mundo como sinónimo de patriotismo fanático.

D

DALIA: Aunque está considerada en México como flor nacional, su nombre, al igual que el de nuestra Flor de Nochebuena (Ver Poinsettia) se nos fue de entre las manos. Originaria según algunos de Cuernavaca, era llamada por los aztecas *cocoxóchitl*. En 1774 fue enviada a Madrid, donde maravilló tanto al abad Cabanilles, director del Jardín Botánico, que la bautizó con el nombre de su amigo, el naturalista sueco -discípulo de Linneo-, Anders Dahl (1751-1789), llamándola *dahlia variábilis*. Dahl también la conoció y la cultivó con éxito en Dinamarca; a Inglaterra llegó en 1792 y París estableció la Exposición Anual de las Dalias. Bueno, cuando menos hubo quien la supiera aprovechar.

DICTADOR: Esta denominación, al igual que la de "Tirano" (Ver), parece hoy referirse más a un gobernante déspota y arbitrario, lo que se encuentra muy alejado de su verdadero origen. Proviene del latín *dictador*, que en la antigua Roma era un magistrado supremo que en tiempos de peligro era nombrado por los cónsules para que se hiciera cargo de la situación sin intromisión alguna por parte de otros. Su palabra era ley, pues "dictador" tiene su raíz en la palabra "*decir*"; aunque las funciones de este gobernante absoluto cesaban a los seis meses o antes, si el peligro era conjurado. El dictador Lucio Cornelio Sila, que lo fue de 138 a 78 a. C., hizo el cargo vitalicio, aunque abdicó un año antes de su muerte. Cabe señalar que para estas fechas, los principios que dieron lugar a la República Romana se encontraban ya muy deteriorados.

DÓLAR: El nombre de esta unidad monetaria es uno de los vocablos que mayor número de transformaciones ha sufrido. Proviene de la ciudad bohemia de St. Joachimasthal, donde se acuñaba una moneda de plata denominada *joachimsthalers*, término que se acortó a *thalers*. Pasó a Europa como *taler* o *daler*. Estados Unidos lo adoptó oficialmente como moneda el 2 de abril de 1792, ya con la denominación de *dollar*, aunque no es la única nación que lo posee, contándose también Canadá, Hong Kong, Singapur, Liberia, Australia, Nueva Zelanda, Bahamas, Jamaica, entre muchos otros. En Granada, España, existe un poblado que se llama Dólar.

DOMINGO: La palabra domingo con que se designa al primer día de la semana es de origen cristiano y deriva del latín *dominicus dies* que significa "día del Señor". No es difícil suponer que el motivo de ello se deba a que en ese día tuvo lugar la resurrección de Cristo, por lo que los testigos presenciales acordaron tener sus reuniones precisamente ese día (Hechos 20:7). Para los judíos de esos tiempos, quienes, a excepción del *Sabat*, nada más numeraban los días, nuestro "domingo" sólo era el "primer día" de la semana, al que los romanos llamaban *Saturni dies*, que significa "día del dios Saturno". Espero que esto no sirva para que un ateo, mal intencionado, empiece a propagar que los cristianos celebran en domingo a un dios pagano, por favor.

DOMINÓ: Aunque de origen incierto, algunos hacen remontar hasta la antigua China el popular juego de veintiocho fichas blancas rectangulares, numeradas con puntos del uno al seis en sus dos mitades, mismas que los jugadores deberán hacer coincidir sobre la mesa más rápidamente que sus oponentes para ganar la partida. Este juego de mesa cuenta, entre otras, con esta historia: Se dice fue invento de dos monjes benedictinos de la célebre abadía de Montecasino, fundada por San Benito de Nursia en el año 529, y que llegó a ser centro cultural en la Italia de la Edad Media. Para no quebrantar las reglas del silencio y matar el tedio de las horas que seguían a los ejercicios espirituales, estos monjes idearon el tan singular entretenimiento, acordando que aquel que ganara, solamente debía pronunciar la palabra *"Benedicamus Dominus"*, que significa "Bendigamos al Señor" y que llegó hasta nosotros sólo como "dominó". Ahora que, en cuanto a los términos mula, me doblo, paso, sopa, zapato, etcétera, creo habría que preguntárselos a un tahúr.

DUQUE: Los títulos nobiliarios de *duque, marqués* y *conde* (Verlos), variaron, en sus funciones, prerrogativas y fuerza de un país a otro y de una época a otra. Concretamente, el de duque llegó, en ocasiones, a poseer más poder que el propio rey, y en otras, solamente a ser una especie de título decorativo, aunque siempre se mantuvo por encima de las demás dignidades aristocráticas. En sus principios, el *dux*, era una denominación romana de carácter puramente militar que significa "guía o conductor". Para evitar la acumulación de poderes por parte de los gobernadores de las provincias, el emperador Diocleciano (284-304 d. C.) comenzó a centrar el poder militar en los *dux*, dejando a los gobernadores sólo el civil; reforma que completó Constantino el Grande. Este título pasó después a la monarquía germánica, viniendo a sustituir a su tradicional *herizog* o representante militar del rey, similar al dux romano, y algo parecido aconteció en otros países. Hacia el siglo X, con el progresivo debilitamiento de la autoridad real, el título llegó a convertirse en vitalicio y luego en hereditario. En algunas naciones, su poder fue ilimitado, e incluso algunos lograron emanciparse. Por ejemplo, en Venecia, el *Doge* o *dux*, fue en sus orígenes el representante del emperador de Oriente, pero ya en el siglo IX era poseedor de toda la autoridad civil, política y militar de la ciudad, limitado solamente por el Gran Consejo. Los ducados en la península Itálica constituyeron el mayor obstáculo para que este país alcanzara su unificación y algo parecido aconteció en Alemania con los *stammherzöge*. En la actualidad, aún cuando el título se sigue otorgando en las monarquías europeas que aún subsisten, no confieren ya dominio territorial, ni mucho menos militar para quienes, ufanos, los ostentan. Bueno, hasta los perros llevan ahora ese nombre.

E

ELECTRICIDAD: Sin restarle méritos a otras fuentes de energía, la electricidad es, en un alto porcentaje, lo que hoy mueve al mundo moderno. Computadoras, refrigeradores, televisiones, motores y la mayoría de las máquinas más sofisticadas que hoy proporcionan comodidad y promueven el desarrollo industrial y tecnológico de nuestra civilización, depende de un cable conectado a una fuente de electricidad, un generador o una batería. Pero la electricidad, la cual puede tener diversas fuentes, no es un invento nuevo. Bueno, en realidad ni siquiera es un invento, sino un descubrimiento, pues ha estado en la Tierra desde los inicios de ésta. Se cuenta que por el año 600 a. C., Tales de Mileto, uno de los Siete Sabios de Grecia, frotó un trozo de ámbar pulido y, sorprendido, constató que atraía pequeñas partículas de paja. A esta fuerza de atracción los griegos la llamaron "electricidad", derivado de la palabra *elektron*, que era el nombre que ellos daban al "ámbar".

EMOLUMENTO: Deriva del latín *molere*, que significa "moler", que pasó a expresar el pago en grano que se daba al molinero por haber efectuado la molienda. Más tarde, su uso se extendió a cualquier tipo de pago, ya fuera en moneda o en especie, efectuado a alguien por su trabajo o servicio.

EMPERADOR: Generalmente se otorga este nombramiento a un gobernante vitalicio, con derecho de sucesión, sea o no de cuna noble, quien reina sobre un territorio extenso en el que suelen aglutinarse pueblos de diferentes idiomas y culturas. Pero durante la República romana sólo se trataba de un título honorable que el Senado concedía a todo general victorioso. Cuando en el año 31 a. C. Augusto logró centrar en su persona todo el poder de Roma -estableciendo así lo que se denomina una monarquía-, no quiso aceptar el tratamiento de rey, pues bien sabía de la aberración que los romanos sentían hacia esa dignidad absolutista, prefiriendo en su lugar el de *imperator*. Lo irónico de esta escrupulosa decisión es que los emperadores del imperio romano y los que sucedieron a éste, eran una especie de rey de reyes, pues muchos de estos últimos se hallaban bajo la soberanía del primero. Por lo que toca al posterior y aparatoso título de emperador del Sacro Imperio Romano Germánico que otorgaban los papas después de la caída de Roma (467) a los supuestos sucesores de Augusto, éste nombramiento fue, en la mayoría de los casos, de carácter honorífico, siendo pocos los emperadores que se hicieron valer como tales ante sus revoltosos vasallos; además de que este título ocasionaba a quien lo ostentaba más problemas que beneficios. Así, por ejemplo, Carlomagno, quien fue coronado emperador contra su voluntad por León III en la Navidad del año 800, exclamó años más tarde que si hubiese sabido las intenciones del papa, jamás hubiese ido a Roma Y aunque nunca hizo uso oficial de tal título, si se vio obligado a una guerra con Constantinopla a causa del mismo, entre otros dolores de cabeza.

ENVIDIA: Esta debilidad humana que padecen muchos hombres y mujeres proviene de los sufijos latinos *in*, que significa "en" o "por" y *ver*, lo que se traduce como "por ver", que es el inicio de esta pecaminosa actitud. Los judíos llamaban a la envidia el "ojo perverso". El origen del llamado "mal de ojo", tiene su raíz en este vicio del alma. De modo que aquel que busca el éxito, seguramente cosechará también la envidia.

ESPAÑA: En tiempos remotos, este país tuvo diferentes nombres; cuyos orígenes son todos difíciles de precisar. Antes de los romanos fue llamada *Iberia,* es decir, "país de los iberos", debido a que éstos establecían sus poblados cerca de un río o *iber,* o bien, porque este pueblo era de linaje bereber. También se le denominó *Hesperia,* nombre literario que primero se aplicó a Italia y luego a España, y que tiene su raíz en el nombre del planeta Venus, al que se conocía también como *Hespero* -cuando en las tardes aparece por el poniente-, con lo que Hesperia podría traducirse como el país del poniente, o bien, del occidente. Pero el nombre que habría de prevalecer sería el de *Hispania,* palabra latina que tiene su antecedente en el griego *Spania,* tomado a su vez de *Span,* voz fenicia que en su rama cartaginesa significa "conejo", lo que vendría a traducir el nombre de esta nación europea como "país de los conejos", obligándonos a suponer que en épocas pasadas estos roedores abundaban en la península. Aunque también puede proceder del celta *span,* que quiere decir "lugar de acceso o de paso". Los celtas, además de España y otros lugares, también poblaron Inglaterra y legaron esta misma palabra, *span,* al inglés, que en español tiene el significado de "espacio, tramo", y siendo España el único paso o espacio natural hacia el Mediterráneo y, al mismo tiempo, la entrada obligada a Europa y al África, nos inclinamos hacia esta segunda explicación de su nombre, más que a la de los conejos. Qué complicados son a veces los españoles ¡jolines!

ESQUIROL: Es un término que se aplica a aquellas personas que durante una huelga suplantan en las fábricas a los huelguistas, desvirtuando así el movimiento obrero que lucha por los derechos de los trabajadores. El vocablo es de origen catalán y se cuenta que en una de las primeras huelgas que se organizó en el siglo XIX en Manlleu, ciudad perteneciente a la región española conocida como Cataluña -localizada al noroeste de la península-, los patrones convocaron a gente de los pueblos vecinos para que suplieran en las fábricas la mano de obra de los huelguistas. La población que mayormente respondió al llamado de los industriales provenían del poblado de l'Esquirol, como popularmente se conocía a Santa María de Corcó. Se trata pues de un término despectivo que se aplica a todo aquel que les sigue el juego a los patrones, en detrimento de los intereses sociales y económicos de sus iguales. El que nació para buey, hasta la coyunda lame.

F

FANÁTICO: Está relacionado con ciertos comportamientos de los sacerdotes de las diosas Belona y Cibeles (en Asia Menor), quienes en determinadas fiestas bailaban delante de su templo o *fanum*, con un éxtasis que les hacía caer en delirio. De *fanum* proviene, pues, la palabra "fanático". Hoy este adjetivo se usa para designar a personas exaltadas por motivos religiosos, políticos o incluso del medio artístico, aunque estos últimos prefieren la apócope de "fans".

FARMACIA: Cuando vaya a comprar medicina, lea bien el letrero del establecimiento donde va a adquirirlas, pues "farmacia" viene de la voz griega *pharmakia*, "medicamento" y esta de *pharmakon*, que significa "veneno o hechizo". Ahora que ya lo sabe, no se automedique y siga las instrucciones del médico.

FARO: Esta construcción portuaria que cuenta en su parte alta con un poderoso fanal que guía con su luz a las embarcaciones, tuvo su origen en la torre que para el mismo fin levantó el rey de Egipto, Ptolomeo II Filadelfo, entre los años 285 y 247 a. C., en la isla de Pharos, localizada frente a las costas de Alejandría. Su altura varía de un autor a otro, yendo desde los 115 hasta los 180 metros, de cualquier modo era bastante alta para la época. A diferencia de otros monumentos artísticos, el Faro de Alejandría tenía una función práctica, pues estas costas eran muy peligrosas para la navegación. Contenía en su cúspide un espejo metálico que durante el día reflejaba la luz del sol y, durante la noche, proyectaba el resplandor emanado por una gran fogata encendida para el mismo propósito. Sin embargo, su loable servicio no era nada nuevo, pues este tipo de señales ya se usaban en las playas del mundo antiguo desde que la navegación comenzó a desarrollarse de manera importante. En realidad su fama la debió a su suntuosa construcción, al grado que formó parte de las Siete Maravillas del Mundo Antiguo. Un terremoto ocurrido en 1303 la afectó severamente, y otro que se produjo veinte años después, terminó por destruirla luego de casi quince siglos de servicio. En 1430, el sultán egipcio Qaitbey aprovechó sus ruinas para levantar con ellas una fortaleza en la misma isla. Sin embargo, su fama fue tal que dio su nombre a todos los faros en el mundo.

FRAC: Ese elegante traje que a veces los hombres nos hemos visto en la necesidad de alquilar para asistir a una solemne e importante ceremonia -aunque a veces propicie que nos confundan con el portero de la recepción-, tuvo su origen en una noche lluviosa de 1786 en la que el reputado sastre parisino Jean Fracas, invitado a una fiesta y apremiado ya por el reloj, salió de su domicilio portando una elegante levita. Un coche, cuyo chofer creo aún existe, pasó velozmente junto a la banqueta, salpicando de lodo al atildado caballero. No contando ya con tiempo suficiente para volver y cambiarse, Fracas echó mano de su talento y sacando las tijeras que siempre llevaba consigo, recortó la mancha y, con rápidas y expertas puntadas, cosió la prenda. Mientras apresuraba más aún sus pasos, el apenado sastre iba meditando en su mente la disculpa que habría de ofrecer por la inapropiada indumentaria. Pero cual no sería su sorpresa que, apenas llegado, todos los invitados se maravillaron y halagaron su buen gusto en el vestir, y no sólo eso, sino que al otro día, los pedidos del nuevo modelito -al que llamaron *fracas* y luego, por abreviatura, "frac"-, en tropel comenzaron a llegar a su sastrería.

G

GACETA: Es un sinónimo de periódico, pero en sus principios, allá en el siglo XVI, era una pequeña moneda veneciana llamada *gazzeta*, a cuyo precio se vendían las hojas impresas. El primer periódico impreso apareció en Amberes en 1605 con el nombre de *Nieuwe Tijdingen*, que quiere decir "Últimas Noticias", aunque no se hizo regular sino hasta 1617, fecha en la que ya circulaban otros publicaciones similares.

GENTILICIO: Al igual que nuestro nombre, todos poseemos un gentilicio que nos identifica como ciudadanos del país en el que nos tocó nacer, o bien, del que adoptamos por propia voluntad. Este vocablo proviene del latín *gen*, que significa "familia", el cual a su vez tiene su raíz en *genius*, "genio" o entidad protectora. Las familias fundadoras de la antigua Roma, de donde surgió la clase de los patricios o nobles, estaban divididas en *gens*, pues tenían la idea de que cada una tenía como antepasado a un "genio" o dios, que operaba como su protector y cuyo nombre servía como apellido de los integrantes. La familia de los Julios, aseguraban ser descendientes de Yulo, hijo de Eneas y nieto nada menos que de Venus la diosa del amor. Con el tiempo, el vocablo se aplicó a los habitantes de una nación.

GIBRALTAR: El Peñón de Gibraltar, ubicado en la costa andaluza, recibió ese nombre a raíz de la invasión musulmana a

España, allá por el año 711. La campaña islámica fue encargada a Tarik ibn-Ziyad, quien con siete mil hombres desembarcó en un promontorio de la costa al que sus soldados dieron el nombre de *Gebel al-Tarik*, que significa "Monte Tarik", en honor a su caudillo, construyendo en él una fortaleza. Después de la expulsión de los moros, en 1492, el emplazamiento pasó a formar parte del reino de España hasta que en 1704, una flota anglo-holandesa se apoderó de él, pasando a manos de Gran Bretaña, lo que años después quedó legalizado en el Tratado de Utrecht (1713). Desde entonces, este peñón ha sido motivo de cruentas e incruentas luchas por parte de España para recuperarlo, pero hasta hoy continúa siendo una colonia británica autónoma de ultramar.

GRAN BRETAÑA: No resulta difícil deducir que el término Bretaña con el que se conoce al mayor archipiélago europeo, llamado también Reino Unido, y que está conformado principalmente por Inglaterra, Gales, Escocia e Irlanda del Norte, debe su nombre a sus antiguos habitantes los britanos, como desde tiempos arcaicos denominaban los griegos y los romanos a esta rama celta que tenía por hogar las islas de Britania, lo que sí puede llamar la atención a los curiosos es la apócope de "grande" que le antecede, ya que su superficie resulta menor que la del estado de Chihuahua, en la República Mexicana, o que el estado de Nevada, en los Estados Unidos. La causa de lo anterior tiene su respuesta en las invasiones bárbaras de los aguerridos anglos, sajones y jutos en el siglo V d. C. Siendo Britania una colonia romana que se encontraba en los confines de un imperio ya en decadencia, no pudo ser auxiliada por las legiones, por lo que algunos de sus habitantes decidieron abandonarla e ir a habitar tierras en el continente, a las que, quizá motivados por la nostalgia, bautizaron con el mismo nombre, sólo que, para distinguirla de la otra, la llamaron *Britannia Minor*, es decir, la "Pequeña Bretaña", en español, por lo que la antigua comenzó a ser llamada la Gran Bretaña, no por su tamaño, sino por su valor afectivo. Lo mismo que a Alejandro el Grande que apenas alcanzaba como metro y medio de estatura.

GRILLETES O GRILLOS: En su acepción de instrumento de tortura en forma de dos anillos entrelazados por una cadena que se colocaba en los pies de los prisioneros para entorpecer sus movimientos, se le dio esta denominación por el ruido metálico que producía el reo al caminar, muy semejante al sonido agudo emitido por los insectos del mismo nombre. España fue uno de los últimos países en el mundo que dejó de utilizarlos. Cuando en octubre de 1817, el héroe español de la independencia de México, Francisco Javier Mina, fue apresado, exclamó al momento que se le ajustaban los grilletes a los tobillos: *¡Bárbara costumbre española! Ninguna otra nación usa ya este género de prisiones; más horror me da verlas que cargarlas.*

GRINGO: El nacimiento de esta designación que principalmente los mexicanos dan a los estadounidenses, posee muchas interpretaciones. La más común es que en 1847, durante la permanencia de las tropas del general Winfield Scott en la ciudad de México luego de haber vencido a los mexicanos en una injusta y desigual conflagración conocida como invasión norteamericana, la población capitalina les mostraba su justo repudio lanzando a los soldados extranjeros todo tipo de insultos verbales, que aquellos desde luego no entendían, pero que era ya lo único con que podían agraviarlos. Los ciudadanos más cultos, tratando de ser más directos a modo de que el invasor no tuviera la menor duda en cuanto a la abominación que su presencia causaba, les gritaban en ingles *Green go home*, que significa "Verde, vete a tu casa", aludiendo al color de su uniforme, aunque también los había rojos o azules, según el batallón al que pertenecieran. El populacho, que no comprendía el inglés, concluyó llamándolos "gringos". Y aunque el término en sus principios fue despectivo, es ahora coloquial, y de hecho se les puede nombrar así a los turistas estadounidenses, sin que, la mayoría de ellos, se sientan ofendidos (Ver Yanqui).

H

HALLOWEEN: Esta celebración que se realiza la noche del 31 de octubre de cada año en varios países, y que es de un humor francamente macabro, debido a que se disfraza a los niños de monstruos, fantasmas, brujas y hasta diablos, ya se practicaba hace unos 2,500 años, en la Irlanda celta con el nombre de *Samhain* (Señor de los Muertos), donde se festejaba con motivo del último días de la cosecha. Pero para los druidas (sacerdotes), aquella noche tenía un significado adicional, ya que creían que en esa fecha en especial, sus poderes mágicos contra los malos espíritus se acrecentaban, quizá porque al venir estos a la tierra se hacían más vulnerables. Esa noche –que correspondía a nuestro 31 de octubre-, las familias celtas afeaban sus hogares con tierra, cenizas y hasta huesos, para espantar asimismo a las almas y evitar de ese modo que entraran a sus casas. A partir del siglo V, con la llegada del cristianismo a la isla, se trató de erradicar esta costumbre pagana, pero la tradición se encontraba ya tan arraigada que la naciente Iglesia irlandesa buscó un sincretismo (solución muy socorrida por la Iglesia Católica en estos casos), declarando ese día como *All Hallow's Even*", que en español significa "Vigilia de todos los Santos", que fue trasformándose primero en *All Hallowed Eve* y terminó en *Halloween*, nombre con el que se le conoce en los Estados Unidos, nación que tuvo una gran afluencia de irlandeses a partir de 1840, pero donde no se popularizó sino a partir de 1921, pasando posteriormente a otros países, como es el caso de México, donde, si no se le llama Halloween, se le nombra "Día de Brujas", pero muy rara vez "Día de todos los Santos", como lo hubiese deseado la Iglesia Católica, pues aunque ésta logró imponer el nuevo nombre, poco pudo hacer en contra de la superstición que asegura que en esa noche los muertos salen de sus tumbas para espantar a los vivos, ni que la festividad se transformara en un sepulcral juego de niños.

HAMBURGESA: Si asiste a un restaurante de comida europeo tradicional de cierto prestigio y ordena una típica hamburguesa, no se le ocurra discutir si sólo le sirven una porción de carne molida o picada, pues en realidad, la original hamburguesa es eso, carne molida. Los mongoles en el siglo XIV picaban la carne de ganado para masticarla con mayor facilidad, e implantaron esa costumbre en los países que conquistaron o asediaron. El platillo llegó a Alemania a través de los tártaros, quienes eran una mezcla, principalmente, de mongoles y turcos, y donde, por alguna razón, se le dio el nombre de "hamburguesa", quizá porque en el populoso puerto de Hamburgo contaba con mayor número de aficionados a este platillo. Se dice que la hamburguesa como nosotros la conocemos, es decir, la porción de carne molida preparada y servida entre dos rebanadas de pan suave, fue idea de un adolescente de Seymour, Wisconsin, de nombre Charlie Norgreen, quien, en la feria estatal de 1885, pensó que de esa manera la gente podría continuar su paseo sin necesidad de perder tiempo sentándose a comer, con lo que lograría a su vez vender más. Pero esta es solamente una de muchas versiones, pues varios estados y comarcas de los Estados Unidos se atribuyen el sabroso invento. Lo cierto es que en ese país, la hamburguesa es tan popular o más que sus típicos hot dogs (Ver Hot Dog).

HERMÉTICO: Se refiere a los secretos celosamente guardados e impenetrables y, por asociación de idea, a lo que está perfectamente cerrado. Se originó del nombre de un faraón legendario, llamado Hermes Trismegistus ("Tres veces grande"), identificado con el dios Toth, a quien se le consideraba fundador de la misteriosa alquimia, y que pasó a los griegos como Hermes y a los romanos como Mercurio. Se dice que sus conocimientos aún persisten, pero que solamente son revelados a los iniciados de cierta secta secreta que los han poseído desde tiempos inmemoriales. Lo que no sabemos es que, de existir tal agrupación, ésta continúe aún buscando la piedra filosofal o si ya la encontró, ya que son tan herméticos...

HOOLIGAN: Estos vándalos modernos, vergüenza de la afición deportiva, que se caracterizan por su escándalo y violencia practicada particularmente en los estadios de fútbol, derivan su apelativo de un tristemente famoso criminal de origen irlandés llamado Patrick Hooligan, a quien algunos restaurantes y centros nocturnos del siglo XIX contrataban para que lidiara con los ebrios o los clientes indeseables que, en un momento dado, perturbaban la paz del establecimiento. Otros asocian el término a la banda Hooley, que aterrorizó a Londres por el año de 1890. Como sea, estas lacras son una vergüenza para el deporte.

HOSPITAL: El término común con que se conoce a los nosocomios o clínicas de atención a los enfermos o heridos, proviene del latín *hospes*, que quiere decir "visita". Quizá porque a esos lugares sólo queremos ir en calidad de visitantes.

HOT DOG: Este típico bocadillo estadounidense hecho a base de una salchicha Frankfurt colocada en medio de pan suave o bollo, al que se le adereza mostaza y otros ingredientes al gusto, en realidad recibió ese nombre por una mala intensión. La salchicha, llamada en inglés *sausage*, es un embuchado que data del siglo XIX. Hacia 1845 corrió el rumor de que estaba hecha a base de carne de perro, lo que resultó ser sólo un infundio, aunque el término de perro (*dog*, en inglés) se popularizó y, como se comía caliente, se le llamó *hot dog* o perro caliente a la salchicha y luego al emparedado en sí, prevaleciendo, internacionalmente, este término sajón.

HURACÁN: Este fenómeno natural que anualmente causa millonarias pérdidas a las ciudades costeras, así como vidas, posee carácter universal. No existe casi litorales en el mundo en los que no penetren sus mortales vientos, arrasando todo lo que se oponga a su paso. Por esa razón, desde tiempos inmemoriales, cada localidad lo distingue y lo nombra de diferentes formas. *Huracán*, como lo conocemos nosotros, es voz caribe, región en donde más parece ensañarse el fenómeno dentro de esta latitud en particular. Para los mayas, cuyo imperio, o bien, una gran parte de éste, se encontraba circunscrito a la zona caribeña, lo consideraban dios de los vientos y los truenos, llamándole con temor *Huracán*, término con el que pasó al inglés *hurricane*. Los griegos lo denominaron "ciclón", de la palabra *kyclon*, derivada de *kycloo*, que significa "remolinarse". En el Mar de China lo nombran "tifón"; en el Golfo de Guinea, "tornado"; en Manila, "baguío", y en Australia "*willy-willies*", esta última denominación que a nosotros, quizá, nos pueda sonar graciosa, los naturales la pronuncia con mucho miedo. Hasta ahora, la única manera conocida para minimizar los efectos de este meteoro, es informar con tiempo a los pobladores en riesgo de su aproximación, para que éstos adopten las medidas conducentes o, mejor aún, se trasladen a un sitio más seguro. El primer servicio de observación de huracanes en el mundo fue el establecido en Cuba en 1875 por el jesuita y astrónomo español Benito Viñes, con el nombre de Observatorio del Colegio de Belén, que funcionó hasta 1893, es decir, hasta la muerte de este sabio, que fue el primero en estudiar las leyes que regulan a estos vientos.

I

IDIOTA: En la mayoría de los casos, se trata de un calificativo ofensivo hacia quien se le considera, con o sin fundamento, como falto de inteligencia o entendimiento debido a un error cometido, pero también es aplicable a quienes padecen retraso metal real. Sin embargo, en la antigua Grecia, cuna de la política, se llamaba "idiotas" a quienes no participaban ni se interesaban por la vida pública de la Polis, concentrándose exclusivamente en sus asuntos particulares. De hecho, la palabra griega "*idiótes*" dio origen al término latín *idio*, que significa "propio". *Idiótes* definía, pues, a los apáticos en política. De modo que aquí tenemos otra manera con la cual llamar en tiempo de elecciones a los abstencionistas, aunque conste que su uso va por su propia cuenta y riesgo.

IMPRESIONISMO: Es una forma de arte consistente en expresar, mediante vívidos colores y efectos de la luz, las sensaciones más que los objetos representados. Su iniciador fue el pintor francés Claude Monet (1840-1926), quien, en 1874, presentó su cuadro *Impression, soleil levant*, que es un vértigo de anaranjado, azul y violeta, que de cerca no eran más que manchas, pero si uno se alejaba podía apreciar una parcela de tierra aunada al resplandor del sol que comenzaba a aparecer sobre de ella. A los críticos, que en todas las épocas suelen ser los más conservadores, la vanguardista obra no solamente les desagradó sino que se burlaron de ella. Uno de estos expertos, haciendo referencia al título de la pintura, dijo con ironía: "Con que una impresión ¿eh? Pero… ¿quiénes son estos impresionistas?", y desde entonces el término pasó a referir este tipo de arte que luego se transfirió a la literatura, la música y a otras manifestaciones artísticas.

INMOLAR: Está relacionado estrechamente con los actos de sacrificio; pero en sus orígenes era solamente una etapa del proceso sacrificial, consistente en espolvorear *mola*, es decir, harina sobre la víctima, en otras palabras, quiere decir enharinar.

ITALIA: Este nombre no siempre se aplicó a toda la península itálica. En algunos escritos antiguos que se han conservado, los poetas se refieren a ella como Saturnia, tierra del dios Saturno; Hesperia, tierra del Poniente, o Enotria, tierra del vino. Durante el paleolítico y el neolítico se cree que la península fue habitada por pueblos procedentes del norte de África, registrándose también inmigraciones de grupos arios o indoeuropeos como los latinos, sabelios u oscos. Estos últimos se establecieron en Campania, esto es en la región sur, a la que llamaron *Viteliu* o *Vitulu*, que en su lengua viene a significar "país del becerro", y que con el tiempo se transformó en *Vitalia*, que era a la vez el nombre de una de sus diosas, la de la fuerza. Los egocéntricos romanos, por razones que desconocemos, comenzaron a llamar Italia a todos los territorios de la península que no fueran la altiva Roma, y no solamente a los de Campania. Algo parecido ocurrió con la abstracción discriminatoria de la célebre cortesana mexicana de principios del siglo XIX, María Ignacia Rodríguez de Velasco, mejor conocida como la Güera Rodríguez, que menospreciando al resto del país, solía referir que después de la Ciudad de México, todo lo demás era Cuautitlán. Sólo que en este caso, el término no se amplió a todo México, como sucedió con Italia.

IZQUIERDA: En su acepción política, los grupos de izquierda se refieren a los partidos más radicales de tendencia socialista o comunista. El término se confeccionó durante la Revolución Francesa y se aplicó al partido de los girondinos, cuyos ideales eran implantar en Francia una república federal. Se les denominó de izquierda por la simple razón de que en la Asamblea Constituyente se sentaban a ese lado del hemiciclo legislativo. Pero lo irónico del adjetivo no es éste, sino que la Revolución Francesa fue, más que nada, un movimiento burgués y no socialista.

J

JACUZZI: La sofisticada tina de hidromasaje, llamada también baño de burbujas, debe su nombre a su inventor, Cándido Jacuzzi (1903-1986), un mecánico italiano que emigró a los Estados Unidos a principios del siglo XX. El origen de este artefacto que hoy no sólo se utiliza en hospitales y centros de *rehabilitación*, sino también en los baños de quienes lo pueden pagar, tiene sus principios en un lamentable suceso. Hacia 1942, el hijo de nuestro personaje contrajo, a los 15 años de edad, la dolorosa artritis reumatoide. Preocupado por calmar sus dolores, el padre conectó a la bañera una bomba de agua, produciendo una paliativa mejoría en el adolescente. En los años 50, el invento se propagó, primero como dispositivo médico, y luego como artículo de lujo.

JAMÁS: Paradójicamente, esta palabra, en sus orígenes, tenía el significado opuesto de "siempre", del latín *jam magis*, que posee esa connotación. Posteriormente se le usó para enfatizar expresiones como *para siempre jamás*, o bien, *nunca jamás*, terminando por asociarse a esta última. Con "jamás" parece haber acontecido lo que aparentemente está sucediendo ahora, por ejemplo, con la frase *"para variar"*, utilizada para calificar irónicamente el proceder de quien siempre hace lo mismo: *"llegamos y, para variar, lo encontramos dormido"*, lo que no expresa que el individuo en cuestión, por lo regular, se encuentre siempre despierto, sino todo lo contrario; o bien, con el vocablo *álgido*, que muchos utilizan para referirse al momento más acalorado de una situación, cuando en realidad significa "muy frío".

JAPÓN: Como muchos otros nombres de países que han pasado al español con una incorrecta pronunciación, este imperio insular integrado por cuatro grandes islas y más de quinientas secundarias, lleva en realidad el nombre de Nipón, que quiere decir "Sol Naciente"

JEHOVÁ: Este nombre dado a Dios en algunas biblias, en especial la versión Reina-Valera entre otras, es una trascripción errónea del texto hebreo. La traducción correcta de la palabra utilizada en ese idioma en las Sagradas Escrituras sería la prácticamente inarticulable JHVH o JHWH, conocida también como tetragrámaton o cuatro letras, y que algunos pronuncian hoy como YAHVE, sin que se pueda asegurar que esta dicción sea correcta. Debemos recordar que los hebreos de aquella época no utilizaban vocales, y que estas no fueron introducidas en el texto sino hasta ya entrada la era cristiana por los masoretas. Estos, para no caer en el pecado de pronunciar el "nombre de Dios en vano", intercalaron en ella algunas de las vocales de *Adonai*, que quiere decir "Señor", resultando de ello la palabra YEHOWAH, que en realidad era sólo un recordatorio de la prohibición de pronunciar el nombre de Dios. Los traductores renacentistas no se percataron de ello y la trascribieron como Jehová. Lo siento, si es que esto ofende a cierto grupo religioso que en parte lleva este incorrecto nombre. Para la otra, díganles a sus líderes que se informen mejor.

JEANS: Esta prenda de vestir tan usada por hombres y mujeres en todo el mundo, se llamó en sus principios *gene fustian*. "Fustian" era el nombre de la tela de algodón que se usaba para confeccionarla y "gene", un vocablo del inglés antiguo que indicaba que provenía de Génova, ciudad en donde se fabricaba la tela fustian. Con el tiempo, la palabra fustian desapareció, en tanto que *gene* se transformó en "jean". Los jeans fueron diseñados especialmente para los mineros de California de mitad del siglo XIX, quienes, por su rudo trabajo, requerían de ropas confeccionadas con material resistente. Su creador fue un joven de ascendencia judía, llamado Levi Strauss, que, procedente de Nueva York, llegó al Oeste, como muchos otros, en busca de fortuna en los dorados tiempos de la Fiebre del Oro, donde, si bien no encontró el preciado metal, sí que hizo una fortuna con su afamada prenda de color azul, con despuntes de hilo fuerte y refuerzos de cobre. Después de la guerra civil, Strauss se instaló en Texas, donde patentó su invento en 1873. Dos años más tarde, prácticamente todos los vaqueros, rancheros y mineros del Oeste usaban los llamados *blue jeans*, nombre con el que pasaron también a Europa. En el siglo XX, allá por los años 60, la demanda de los *jeans* volvió a tener un importante repunte, aunque para entonces ya no eran solamente azules, sino de diversos colores.

JINETE: En el siglo XIII, la ciudad mora de Granada se vio en peligro ante el avance de los cristianos, por lo que se vio precisada a solicitar ayuda de sus vecinos de África. En su socorro llegó un contingente guerrero proveniente de la tribu bereber de Zeneta, que era famosa por su caballería ligera. Los cristianos se impresionaron tanto con la manera de motar de estos soldados que castellanizaron el término de "zeneta" como "jinete" para referirse a aquellos que montaban con maestría.

JULIO: Nuestro mes de julio, debe su nombre a Julio César, el célebre estratega y estadista del siglo I a. C. y quizá el más famoso de los romanos. A él, junto con el astrónomo Sosígenes, debemos el calendario juliano, antecesor del actual. Pero no fue por esta razón que tuvo el honor de que un mes llevara su nombre, sino por el hecho de que después de su muerte el senado lo declaró dios, con lo que ganó el derecho a este honor, como otros dioses del calendario. Es decir, algunos meses ya llevaban el nombre de dioses romanos, como marzo el de Marte, dios de la guerra, o junio el de Juno, la esposa de Júpiter; en tanto que los meses restantes sólo se numeraban. Julio vino a ocupar el mes *Quintillis*, y otro tanto sucedió con el emperador Augusto, que sustituyó al mes *Sextilis* con el nombre de agosto, mientras que septiembre, octubre, noviembre y diciembre, continuaron siendo el séptimo, octavo, noveno y décimo mes, respectivamente. Por si no les salen las cuentas, el año romano comenzaba en marzo y terminaba en febrero.

K

KARMA: Esta es una de las palabras más antiguas aún en uso. Proviene del sánscrito *kar*, que tiene el significado de "acción" y de *man*, pensador. Tiene su origen en la antiquísima religión hindú, siendo adoptado posteriormente por el budismo. En estas creencias el karma no es sino la energía o fuerza que impulsa a las almas hacia la reencarnación, sujetándolas casi irremisiblemente al círculo de la vida o *Sansara*. En occidente se le ha identificado más como "destino" y hasta como culpas que, para aquellos que creen en la reencarnación, provienen de los errores cometidos en vidas pasadas y que deberán pagar en esta. Y yo me pregunto ¿no habrá manera de hacernos alguna rebaja?

KU KLUX KLAN: Esta sociedad racista estadounidense, de tendencia claramente terrorista, conocida también por sus siglas KKK, tiene su antecedente en un grupo de antiguos soldados confederados, que no habiendo aceptado la derrota de su bando, decidieron formar, en la Navidad de 1865, una organización secreta, a la que denominaron "Imperio Invisible", cuyos miembros, cubiertos con túnicas y capuchas blancas, cabalgaban por la noche, incendiando los hogares de la población negra del sur del país. Finalmente terminaron por ser conocidos como Ku Klux Klan, como se denominaron a sí mismos y que parece derivar del griego *kyklos*, "círculo", y *klan*, "tribu", que se ha interpretado como "pandilla del círculo", tal vez por formar estos forajidos en sus reuniones un círculo en torno a una hoguera. La idea de este grupo terrorista se atribuye al capitán John C. Lester, aunque fueron varios los ex confederados que en ella participaron. Su primera intención fue sólo amedrentar a la gente de color para que no participara en las elecciones; pero como suele ocurrir con estos grupos violentos, pronto degeneró en crímenes por linchamiento hacia cualquier persona que fuera de raza negra, gozando de una inmunidad casi absoluta, pues algunos de sus miembros eran integrantes del poder judicial. Fue necesario hacer uso de toda la fuerza de la ley para poner fin a sus desmanes. Por desgracia, hacia 1930, esta terrorífica sociedad resurgió en algunos estados del sur de los Estados Unidos, o cuando menos tomó el mismo nombre, disfraz y principios de sus antecesores, y aunque a estas fechas no se escucha ya hablar de ellos, no se puede descartar que el llamado "poder blanco" continúa latente en ese país en espera de una oportunidad para manifestarse ¿Por qué entonces tanto escándalo con el holocausto en el régimen nazi o con el terrorismo actual, cuando el buen predicador por su casa empieza?

KUNG FU: Es un término que se usa en los Estados Unidos y otros países para referirse a las artes marciales chinas. Es decir, no se trata de una técnica de combate específica como aseguran los anuncios colocados a la entrada de estas escuelas. En chino, la expresión tiene un significado muy distinto, pues se refiere a "tener la habilidad para realizar cualquier cosa". El término más bien se popularizó virtud a la serie televisiva del mismo nombre que protagonizó David Carradine entre los años 1972 y 1975, personificando a un sacerdote chino que, fugitivo de su país, llega a los Estados Unidos en la época del Viejo Oeste, donde defiende a los débiles merced al profundo conocimiento que posee de las artes marciales, desconocidas hasta entonces por los bravucones pistoleros de ese tiempo. Pero esto no deja de ser ficción, pues ante una pistola, las artes marciales salen sobrando.

L

LACÓNICO: A aquellas personas que son breves y concretas al hablar, se dice de ellas que son "lacónicas", como lo fueron los habitantes de Laconia. La ciudad más importante de esta región fue Esparta, en donde a los niños se les enseñaba desde pequeños a ser parcos y medidos en el habla, ya que lo consideraban sinónimo de buena educación. Algunos ejemplos curiosos de esta práctica podrían ser los siguientes: En el año 338 a. C. el rey Filipo II de Macedonia, padre de Alejandro Magno, había conquistado toda Grecia, excepto Esparta. Con la intención de amedrentar a los valientes lacedemonios, les envió un amenazante mensaje que decía: *"Si invado Laconia, dejaré Esparta a ras de suelo"*, a lo que los espartanos respondieron con un escrito que simplemente decía: *Sí*. Otra historia alusiva se refería a que, en uno de esos pocos periodos de paz que hubo entre Atenas y Esparta, unos atenienses se encontraron a un espartano en una taberna y quisieron hacerle pasar un mal momento haciendo burla de la corta espada que estos guerreros solían portar en comparación a la larga y afilada que en el combate maniobraban los atenienses. Al inquirirles burlones la razón por la cual usaban un arma tan corta, el espartano respondió lacónico: *Porque somos más valientes*

LADRÓN: Proviene del latín *latro* o *latronis*, que era como se les llamaba a los mercenarios bárbaros que servían en el ejército romano. Los *latronis* llegarían a representar mayoría dentro de las fuerzas militares del imperio a raíz de que los romanos cambiaran sus loables principios por el ocio y los vicios que la riqueza de sus conquistas les permitieron, tanto así que algunos de estos *latronis* alcanzaron el honor de formar parte de la escolta del emperador, es decir, eran lo que hoy se conoce como guardaespaldas. Al sobrevenir la decadencia del imperio, la paga del ejército empezó a escasear y muchas tropas fueron licenciadas, con lo que varios *latronis* decidieron dedicarse al más lucrativo oficio del robo ¿Dónde he escuchado yo esa historia?

LENTE: Son parte fundamental de varios instrumentos ópticos, principalmente de los antejos, pues representan el vidrio graduado a través del cual el ojo enfermo mejora su deteriorada visión. Comenzaron a fabricarse en el siglo XIV, e iban montados sobre un marco. Como tenían la forma de una lenteja, se les comenzó a llamar "lentejas de vidrio" y luego lentes. Las primeras gafas aparecieron en 1285, en Florencia, y fueron obra del científico italiano Salvini Armanti (1260-1357), quien las llamó *oculus berilinus*, porque se hacían tallando un berilo, que es una variedad de esmeralda. Existían lentes para ver de lejos y otros para hacerlo de cerca, por lo que aquellas personas que padecían ambas enfermedades, tenían que cargar los dos para utilizarlos según el caso. Este problema encontró solución con los bifocales, inventados por Benjamín Franklin, quien no se quebró mucho la cabeza, pues solamente unió los lentes. Fácil, pero a nadie se le había ocurrido.

LIMOSNERO: Aunque se sorprendan, limosnero es el que da dinero. Etimológicamente proviene del griego *elenmosyni*, que significa "caritativo", y que se aplica a aquellos que con frecuencia dan dinero o regalan objetos a los necesitados. En algunas cortes europeas se acostumbraba dar a un funcionario el cargo de "Gran Limosnero del Rey", quien era el encargado de repartir monedas entre los pobres en nombre del monarca, gasto que sin duda se recuperaba con rédito a través de los gravosos impuestos. Algo semejante ocurre con su sinónimo "Pordiosero", que deriva de la frase usada por los menesterosos cuando piden una moneda "por Dios". Me pregunto ¿es usted un limosnero?

LOTERÍA: Este sorteo que representa el sueño de los pobres y que en algunos países, como México, está institucionalizado, proviene del francés *lot*, que quiere decir "herencia". Cuando un poderosos señor moría, su propiedad se fraccionaba, llamando *lote* a cada porción de tierra que resultara, ya fuese ésta grande o pequeña según la riqueza del difunto, y eran repartidas entre sus hijos, que las recibían sin ningún esfuerzo de su parte. En realidad no era cuestión de suerte, sino la repartición legal de un patrimonio familiar. Con base en esta información, propongo a la Asamblea Nacional cambiar el nombre de la Lotería Nacional por el de Sorteo Nacional, aunque sería una lotería que me hiciera caso.

LUNA DE MIEL: Esta romántica frase que suele emplearse para referirse a los primeros tiempos del matrimonio, o bien, solamente el viaje de bodas, según la experiencia de cada quien, tiene un origen incierto. Para algunos, proviene de una usanza de las madres romanas, quienes acostumbraban poner en la alcoba de su hija recién casada una marmita con miel durante toda una luna (28 días), como muestra de su amor. Para otros menos románticos parece proceder de los árabes, quienes cuentan sus meses por lunas, y entre los que existe un proverbio que reza: "La primera luna, después del matrimonio, es de miel; y las que le siguen, amargas como el acíbar". Yo nunca he probado el acíbar, pero si su sabor es como me lo imagino, prefiero no hacerlo.

M

MALARIA: Esta enfermedad infecciosa, también conocida como paludismo, y que se manifiesta mediante fiebre intermitente, escalofrío, sudoración y anemia, era llamada por los romanos *mal aria*, que significa "mal aire", pues se tenía la firme idea de que la provocada una corriente de aire proveniente del trópico. Ya hacia el año 400 a. C. el célebre Hipócrates describió sus síntomas, pero no fue sino hasta el siglo XIX en que se descubrió que el trasmisor era la hembra de un mosquito de alas moteadas de negro, llamado *anófeles*, quien, en su picadura, inoculaba en el hombre el protozoo causante del mal.

MAQUIAVÉLICO: A aquellos sujetos que carecen de escrúpulos, conciencia y buena fe y que echan mano de la astucia y la traición para alcanzar sus objetivos, se dice que son "maquiavélicos", palabra que proviene del apellido del escritor florentino Nicolás Maquiavelo (1469-1527), autor de "Los discursos sobre la primera década de Tito Livio" y, su obra maestra, "El Príncipe", en las que aprueba el cinismo, la falta de honradez, la hipocresía, la deslealtad, la crueldad e incluso, en caso extremo, el asesinato como los medios idóneos para alcanzar el éxito en la vida. Pero Maquiavelo podía ser todo menos "maquiavélico". Se trataba de un burócrata que ocupó algunos puestos públicos de mediana valía en el gobierno de Florencia. Al caer el partido político al que él pertenecía, perdió su empleo y, debido a su bajo sueldo, quedó en la ruina.

Fue quizá entonces cuando decidió aplicar sus teorías hablando mal de sus antiguos compañeros ante los nuevos políticos y hombres fuertes del momento. A la postre sólo consiguió enemistarse con ambos bandos. En realidad, el modelo de gobernante en el que se inspiró fue el cruel y sanguinario César Borgia, en quien sí se manifestaron todos los signos de un ser verdaderamente maquiavélico, por lo que el término no debiera de ser éste, sino el de *borgiano*. Maquiavelo tampoco conoció la gloria de las letras, pues falleció antes de que "El Príncipe" fuera publicado.

MARATÓN: Esta carrera de resistencia atlética de 42.195 kilómetros y que forma parte del programa de los Juegos Olímpicos desde su reinstauración en 1896, así como de muchos otras emisiones deportivas mundiales, ha dado gloria a infinidad de corredores. Quizá el más famoso sea el ateniense Fidípides, destacado atleta de los antiguos Juegos Olímpicos de Grecia, lo que lo hizo objeto de incontables reconocimientos. Pero sus años de gloria se vieron interrumpidos en el año 490 a. C. cuando los persas desembarcaron en Maratón, con la intensión de conquistar el Ática y toda Grecia. Fidípides fue enviado a Esparta a solicitar ayuda, para lo cual recorrió 230 kilómetros en dos días. No habiendo conseguido el apoyo de los espartanos, volvió a Ática en el mismo lapso, incorporándose de inmediato a las fuerzas que, al mando de Milciades, marchaban a combatir la invasión en Maratón. Alcanzada la victoria, y sin tomarse respiro alguno, prácticamente voló a Atenas para dar la crucial noticia a sus preocupados conciudadanos. Y exclamando *¡La victoria es nuestra! ¡Atenas se ha salvado!* expiró víctima de agotamiento. En honor a su hazaña, se celebra esta carrera llamada Maratón, aunque su nombre, creemos, deberías de ser Fidípida. Pero con todo, yo soy más de la opinión de que "más vale paso que duro, y no trote que canse".

MARQUÉS: Carlomagno, para vigilar y defender las fronteras de su dilatado imperio, creó unos asentamientos condales a los que denominó *Marcas*. Las marcas estaban formadas por varios condados, al frente de los cuales, los condes involucrados elegía un Markgraf o margrave, palabra germánica que designaba a los jefes de las marcas y que pasó al francés como *marquis* y al castellano como *marqués*. A partir del desmembramiento del imperio carolingio, la dignidad de marqués fue perdiendo ascendente entre los condes (Ver Conde) y poco a poco su autoridad fue disminuyendo. Con el tiempo, este título, en su origen militar, se hizo nobiliario y hereditario, pero también honorífico. La región oriental del reino de los francos recibió el nombre de Marca danesa, y hoy se le conoce como Dinamarca.

MASOQUISTA: El vocablo masoquista que se refiere a la perversión sexual en la que un sujeto experimenta placer al ser maltratado por otra persona, tiene su origen en el apellido del escritor polaco Leopoldo Sacher-Masoch (1835-1895), que en varias de sus obras escribió acerca de este tema, principalmente en su novela "La Venus de las pieles", perteneciente a su saga "El legado de Caín". En esta obra, una mujer, envuelta en pieles, azota y humilla a su pareja, con el beneplácito de ésta; lo hace firmar un contrato en el que se reconoce su esclavo y acepta la relación de su mujer con otro hombre con el único fin de experimentar los terribles celos. Pero las narraciones de Sacher-Masoch no eran sólo producto de su febril imaginación, sino que referían su propia vida. La Venus de las pieles en realidad se llamó Fanny Pistos, con quien el escritor tuvo una atormentada relación en la que ocurrió todo cuanto escribió en la novela publicada en 1870. Tres años más tarde, se casó con Aurora Ruvelín, de quien años después se divorció. Esta publicaría una autobiografía titulada "Confesiones de una vida", donde relata las depravaciones a la que la sujetó su ex marido.

En 1886, el neuropsiquiatra von Kraff T-Ebing, dio a conocer su obra "Psicopatía Sexual", usando en ella por primera vez el término "masoquismo", que Sacher-Masoch se había ganado a pulso. No es que esta perversión no hubiera existido anteriormente, pero fue Sacher-Masoch el primero que se atrevió a escribir sobre el tema, y aunque hoy sus novelas no son muy leídas, su nombre se perpetró en los anales de la psiquiatría, dañando para siempre su reputación. Lo que, de vivir, le habría causado sin duda gran placer.

MAUSOLEO: Nombre que se le da a todo monumento funerario suntuoso. Se deriva de la construcción del Mausoleo de Halicarnaso, una de las Siete Maravillas del mundo antiguo, que, hacia el año 350 a. C., hizo levantar la reina Artemisa II de Caria a su esposo, el sátrapa Mausolo, de quien derivó la denominación que se le da a toda tumba artística y de grandes proporciones. Del Mausoleo de Halicarnaso sólo sabemos que se trataba de una pirámide de unos 42 metros de altura, formada de peldaños, en cuya cúspide se situaba un enorme carro de cuatro caballos con las estatuas de Mausolo y Artemisa, como ocupantes del mismo. En 1404 fue destruido por un terremoto y las tumbas de ambos reyes saqueadas por ladrones en fecha desconocida. Los caballeros de San Juan utilizaron sus ruinas para levantar el castillo de San Pedro. Lo poco que se pudo rescatar de ese monumento fueron algunos frisos que se encuentran en el Museo Británico.

MAYONESA: Esta sabrosa salsa que las abuelas preparaban en su cocina con yemas de huevo, aceite, vinagre y… mejor cómprenla en el supermercado, fue el invento de un cocinero del cardenal Richelieu, a quien se le ocurrió esta idea cuando los ejércitos franceses sitiaban la ciudad española de Mahón, por lo que le dio el nombre de *mahonesa*, de la que derivó el término francés *mayonnaise,* y de él nuestra rica "mayonesa".

MAYORDOMO: Proviene del latín *major*, que significa "mayor, y de *domus*, "casa", es decir, "el mayor de la casa o el criado principal de la casa". Es una de las pocas palabras que después de experimentar un notorio desarrollo, regresivamente volvió a sus orígenes. En un principio era un sirviente que hacía las veces de secretario del rey, haciéndose cargo de sus papeles y de sus mensajes, lo que seguramente le sirvió para enterarse de todos los acontecimientos importantes del reino, por lo que, cómodamente, el rey le fue delegando todos los asuntos internos y después también los externos, convirtiéndolo en el funcionario más poderosos del país. Uno de los mayordomos de palacio más famosos fue Pipino el Breve, apodado así por su corta estatura, quien descendía de una larga y poderosa familia de mayordomos del reino franco. Este supuesto subordinado decidió poner fin a este juego de poder, por lo que, cuando el papa Zacarías le pidió auxilio en contra de los lombardos que amenazaban Roma, el astuto mayordomo aprovechó para mandarle preguntar al pontífice que quién era realmente el rey ¿quién posee el título, pero no detenta el poder, o quien ejerce el poder, pero no posee el título? Y el Papa, presionado por la situación, le respondió "Rey es el que manda". De inmediato, Pipino ordenó rapar y encerrar en un convento al rey merovingio Childerico y se convirtió en rey de los francos. Su hijo fue el célebre emperador Carlomagno. Hoy, el término mayordomo ha vuelto a referirse al jefe de los criados de algunas casas de ricos.

MENTOR: Este sinónimo de maestro era el nombre de un fiel amigo de Ulises, a quien éste, antes de partir a Troya, encargó la instrucción de su hijo Telémaco. Tan bien debió haber sido su desempeño en esta tarea, que a Homero le pareció que había sido la misma Atenea, diosa de la sabiduría, quien, tomando la forma del sabio Mentor, se había encargado de la educación del infante.

METRO SEXUAL: Esta es una palabra de acuñación moderna, inventada en 1994 por el periodista británico Mark Simpson. Es una combinación de los vocablos metrópolis (ciudad) y sexo, aunque solamente hace referencia al género masculino. Un "metro sexual" es aquel hombre que cuida extremadamente su imagen. Estos modernos narcisistas, de entre los que destacan el futbolista inglés David Beckman y actores como Brad Pitt, además de los tradicionales baños de vapor, dan brillo a sus uñas, o bien, las pintan de rosado, acuden con regularidad al salón de belleza, con previa cita, se depilan y se aplican mascarillas en el rostro para cuidar su cutis, entre otros muchos cuidados de su persona. Sin duda, los tiempos cambian, pero en los míos lo llamábamos de otra manera.

MÉXICO: Aunque, al referirse a los pobladores de la Gran Tenochtitlán, resulta más común llamarles aztecas o tenochcas, esta ciudad era sólo la capital del extenso imperio mexicano que iba de mar a mar y que tenía por límites, al norte, las tierras semidesérticas y por el sur y el este llegaba hasta Centro América. La voz nahuatl *metzti*, significa Luna y *xictli*, ombligo o centro. No debemos olvidar que Tenochtitlán fue levantada en medio del lago de *Tetzcoco*, donde, seguramente por las noches se reflejaba majestuoso nuestro satélite. De ahí se ha podido concluir que México significa "Ciudad que se encuentra en medio del lago de la Luna". Sin embargo, no debemos olvidar a *Mextli*, que era otro de los nombres que se le daba a Huitzilopochtli, dios de la guerra, que fue la deidad que, según la leyenda, guió a los aztecas desde el mítico Aztlán hasta el sitio en que encontrarían un águila devorando a una serpiente, fin de su peregrinar de acuerdo al vaticinio. Aunque existe la versión bien documentada de que no se trataba de una serpiente, sino de un pájaro, y que lo del reptil fue una dramatización hispana, cuya cultura religiosa consideraba a este animal como símbolo del mal. Como sea, de provenir su nombre de esa leyenda, México significaría la "ciudad de Mextli o Huitzilopochtli", aunque a los románticos nos gusta más la versión de la Luna. Los aztecas también se llamaban así mismos *meshicas* y pronunciaban el nombre del país como *Meshico*; fueron los españoles los que lo escribieron como México.

MICROBIO: Es un término genérico que significa "pequeña vida", de *mikros*, "pequeño", y *bíos*, "vida", y que se aplica a aquellos organismos que solamente son visibles a través de un microscopio. Comprenden a todas las bacterias, bacilos, micrococos, etcétera. Sin embargo, existen organismos todavía más pequeños a los que se denominan *virus*, que en proporción de tamaño vienen a ser para la ameba, lo que ésta es para el hombre. El microscopio que hizo posible descubrir la diminuta vida de los microbios (no la de los virus), fue inventado por un pañero holandés llamado Antoon van Leeuwenhoek (1632-1723), quien descubrió que puliendo un lente podía apreciar mejor la calidad de las telas que compraba. Tanto se afanó en saber hasta donde podía penetrar lo hasta entonces invisible, que un día llegó a ser testigo de la vida microscópica. Celebridades de todo el mundo acudían a su taller a ver moverse esas maravillas, pues Leeuwenhoek no permitía que sus instrumentos salieran de su factoría. Sin embargo, no fue hasta bien entrado el siglo XIX cuando la humanidad reconoció a algunos de esos pequeños y aparentemente inofensivos seres como sus más gigantescos enemigos, causantes de un sinnúmero de enfermedades, muchas de ellas letales. No cabe duda que no existe enemigo pequeño.

MILLÓN: En la antigüedad existía muy poca necesidad de utilizar números más grandes que mil, por lo que se empleaban términos como "docenas de miles", "cientos de miles", o bien, "miríada", que significa 10 mil. Arquímides, para calcular el número de semillas de amapola que existían en el mundo por él conocido, usó la expresión "miríada de miríadas de miríadas". El término "millón" surgió en Italia a finales del siglo XIII y es el aumentativo de millar, como si de número dijéramos "numerón". Hoy existen denominaciones para números mucho mayores, como el *gogol*, que es un 1 seguido por cien ceros, y el *gogolplex*, que es un 1 exponencialmente elevado a un gogol. Probablemente algún estudioso de la Biblia debata que el etiope Zera condujo contra Judá un ejército de un millón de hombres, pero esto es sólo producto de una traducción mucho más moderna, pues las palabras del original se traducirían como mil millares, como era la costumbre.

MINISTRO: Este alto cargo que muchos destacados funcionarios de gobierno ostentan y que en algunos países hasta se lucha, a nivel electoral, por ser el primero entre ellos, tiene su raíz en el latinismo *minister*, que quiere decir "sirviente". Tal vez por eso en algunos países, como México, prefieren usar el título de Secretarios, que se escucha menos denigrante.

MISCELÁNEA: Este vocablo que tiene su raíz en el latín *miscellanea*, que significa mezcla, se refiere a un grupo de objetos inconexos, como podría ser una colección literaria de diversos géneros. Sin embargo, en México, atinadamente se le denomina así a las tiendas de abarrototes, las cuales, en su totalidad, no limitan su giro a la venta de comestibles y artículos menudos de primera necesidad, que es lo que quiere decir "abarrotes", sino que extienden su oferta a cigarrillos, artículos eléctricos, papelería, revistas, medicamentos, cosméticos, bisutería, billetes de lotería, etcétera, etcétera. A mí, en cierta ocasión, me ofrecieron una caña de pescar. Y es que la situación está difícil.

MONEDA: La aparición de la moneda como medio de compra-venta fue la consecuencia lógica de las primeras relaciones comerciales entre los hombres, debido a que el sistema de trueque presentaba la problemática de que dos objetos, al momento de la operación, tuviesen exactamente el mismo valor, por lo que, regularmente, una de las partes salía ganando y la otra perdiendo. Después de varios intentos por establecer un sistema equitativo para las transacciones mercantiles se llegó al uso de la moneda, cuya invención parece señalar a los babilonios; aunque su nombre, que es lo que ahora nos ocupa, se lo debemos a los romanos. El taller en donde se fabricaban las monedas en Roma, se encontraba ubicado junto al templo dedicado a la esposa de Júpiter. Aquel santuario recibía el nombre de Juno Moneta. Esta última palabra latina significa la "avisadora", pues se tenía la creencia de que había sido la propia Juno, en el pasado, la que había advertido con toda antelación a los romanos de los ataques a la ciudad por parte de sus enemigos, cuando menos así lo afirmaban las leyendas. Y quién mejor para cuidar las monedas que la protectora y siempre preocupada Juno Moneta.

MORO: En épocas de los romanos y algún tiempo posterior a éstos, toda la parte norte de África que se encuentra frente a la costa sur de España era llamada Mauritania, de hecho aún en la zona existe un país con este nombre. A sus habitantes, los romanos los llamaban *maurus*, quienes fueron conquistados por los musulmanes, de origen árabe. Poco tiempo después, los belicosos vencedores decidieron llevar su guerra santa a Europa, apoderándose de España en el año 711. Como procedían de la región de los *maurus*, los hispanos les llamaron "moros", que era la voz castiza del término, aunque en realidad eran árabes.

MUSEO: Estos sitios en donde las ciudades suelen guardar y mostrar los objetos de arte de su cultura o de la cultura universal, deben su nombre a un edificio que el rey egipcio, de origen griego, Ptolomeo II Filadelfo (285 a 246 a. C.) mandó levantar a un costado de su palacio en Alejandría y que dedicó a las "Musas", las diosas del saber, de ahí su nombre. En este inmueble solían reunirse los sabios y filósofos más destacados de la época para estudiar e intercambiar conocimientos. En él se encontraba también la famosa biblioteca de Alejandría que a lo largo de los años sufrió varios incendios hasta que finalmente fue completamente destruida por los invasores islámicos, consumiendo en sus calentadores de agua lo poco que en esas fechas aún quedaba de su saber y que ahora nos es desconocido.

N

NAIPE: Este mazo de tarjetas que se utilizan en los juegos de mesa, varían en número y figuras de una cultura a otra y aunque su origen es incierto se sabe que originalmente no se crearon con la intención de jugar con ellas, sino como medio de adivinación del porvenir de los hombres y mujeres que conforman la siempre curiosa humanidad. Fuero introducidos a España por los árabes hacia el siglo XIV con el nombre de *ma'ib*, que quiere decir "censurable", quizá porque el vicio de la baraja ha sido causa de la ruina de muchos jugadores. Por su origen nigromántico, Juan I de Castilla los prohibió en 1387, pero al parecer nadie le hizo caso, pues pronto se diseminaron por toda Europa. Al principio se jugaban como ejercicio de memoria, igual que hoy hacen los niños con un juego de mesa denominado precisamente "Memoria", aunque los antiguos ya apostaban en este entretenimiento dinero o lo que fuera. La ociosa inventiva del hombre no tardó en encontrarle otros pasatiempos como el póker, Black Jack, la canasta, el bridge y muchos otros. Por cierto, la llamada "quina" o reina de los naipes americanos, representa el rostro de la reina Isabel de York (1465-1503), esposa de Enrique VII de Inglaterra, quien quizá gustaba mucho de estos juegos.

NEPOTISMO: Comete este delito aquel funcionario público que, aprovechando su cargo, concede puestos o favores a sus familiares. Hasta el pontificado del papa Gregorio VII

(1073-1085), el celibato entre los miembros del clero católico no fue obligatorio. Sin embargo, esta prohibición no significó que algunos sacerdotes, incluidos los papas, dejaran de tener concubinas e hijos con ellas, a los que, para disimular, llamaban *nepos*, esto es, sobrinos, a favor de quienes estos prelados hacían uso de su influencia para proporcionarles seguridad económica y concentrar en ellos su poder temporal.

NICOTINA: Es el nombre culto dado en francés al tabaco por el duque de Guisa. Lo llamó así en memoria de Jean Nicot, embajador francés en Lisboa, quien por primera vez llevó el tabaco a Francia en 1560. Pero lo que a este diplomático le agradaba del tabaco no era fumarlo, sino sus bellas flores, las cuales portaba en sus sacos. Hoy se aplica a la sustancia adictiva y sumamente tóxica contenida en el tabaco (Ver Tabaco) y usada como veneno en la fabricación de insecticida. En bajas concentraciones, como es el caso del cigarrillo, es un estimulante que causa adicción, sin que por ello deje de ser un veneno de actuación lenta pero segura.

NOQUEAR: Anglicismo técnico utilizado en el boxeo, proviene del inglés *knock-out*, de *knock*, golpear, y *out*, fuera, y cuya abreviatura *KO* se aplica al boxeador caído, inconsciente o no, que no se incorpora de la lona luego del conteo de los diez segundos que le hace el réferi o árbitro de la contienda. De ella deriva en español la palabra escrita "No KO", que significa "fuera de combate", pero que se pronuncia "noquear" y que no solamente se aplica a la derrota de un boxeador, sino a todo aquel que queda o se considera fuera de acción por un golpe, una réplica verbal o hasta por un mal olor.

O

OGRO: En sus orígenes era el patronímico dado a los húngaros u ogures. Ogur era el nombre antiguo que tenía este pueblo de procedencia huna o mongólica que asoló Europa Oriental durante los años de la Alta Edad Media, sembrando el terror durante sus sangrientas correrías. La impresionable mentalidad de la gente, los conceptualizaba no sólo como crueles guerreros, sino también como antropófagos, y el término se extendió a todo ser mítico semihumano, devorador de hombres y, en los cuentos infantiles, de niños.

OJALÁ: Esta expresión que manifiesta la esperanza de un suceso es de origen musulmán, deriva de *law sha'a Allah*, que significa "Alá lo quiera". Por muchos siglos, la Iglesia se opuso, sin éxito, al uso de ella, por considerarla una declaración de fe en otro dios que no era el verdadero, pero 700 años de dominio árabe en España no podían borrar de un plumazo la gran cantidad de palabras y modismos que esa cultura legó a la lengua española. Lo mismo se puede decir de la popular expresión de salutación *Hola*, derivada del árabe *wa-llah*, que quiere decir "por Dios".

OK u OKAY.: Es una expresión estadounidense que significa "de acuerdo, correcto, bien" y que se ha extendido a muchos otros países con el mismo sentido de aprobación. Su origen es incierto y muy variado, para algunos proviene de la correspondencia que mantenía el general Andrew Jackson -presidente de los Estados Unidos de 1829 a 1837- con el candidato oficial, Martin Van Buren, que habría de sucederle en el cargo. En esa época, además de los tradicionales partidos políticos de ese país (demócratas y republicanos), se formó un tercero, denominado whiq, que en su lucha por el poder se refería despectivamente al presidente saliente como "Andrew I", pretendiendo vender la idea a la opinión pública de que se trataba de un déspota al estilo de los monarcas europeos, pero también lo llamaban "burro blanco", por considerarlo incapaz e iletrado. En esa sorda lucha que acostumbran mantener los partidos en sus campañas electorales, los whiq interceptaron en más de una ocasión la correspondencia mantenida entre Jackson y Van Buren, llamándoles la atención el hecho de que el primero sellara sus cartas con las letras OK. Prejuiciados contra Jackson, interpretaron, que en su ignorancia, el presidente había abreviado incorrectamente la expresión *all correct* (todo correcto) con la falta de ortografía *oll korret*, o cuando menos así lo quisieron difundir entre los electores, quienes, jocosos, adoptaron la expresión como una burla. En realidad, lo que Jackson quería manifestar con OK. era Old Kinderhook, que era el lugar de residencia de Van Buren. Otra versión afirma que las siglas OK. eran usadas por el ejército de la Unión durante la Guerra Civil en la pizarra de bajas de la jornada, y que cuando estas letras aparecían, informaban "cero muertos", que era la abreviatura de *0 Killed*.

OSCAR: La codiciada estatuilla de bronce recubierto de oro, que mide 10 pulgadas de alto y tiene un peso de 7 libras, es el premio que anualmente concede la Academia de Artes y Ciencias Cinematográficas de Hollywood a los actores, técnicos y profesionales del Séptimo Arte. Fue realizada por el escultor George Stanley y cuando el prototipo de la estatuilla fue presentado a los ejecutivos de la Academia, una de las secretarias de éstos, Margaret Herrick (1902-1976) indicó con inocente sorpresa: *Se parece a mi tío Oscar.* Aquel jocoso comentario, escuchado por la prensa ahí presente, dio su famoso nombre al más envidiado premio de la cinematografía, que fue otorgado por primera vez en 1929. Los primeros actores que lo recibieron fueron Janet Gaynor y Emil Jannig, por cierto este último no era estadounidense sino alemán, y cuando surgió el cine sonoro, tuvo que abandonar Hollywood y retornar a su país a causa de su acento germánico.

OVNI: Son las siglas de la frase "Objeto Volador No Identificado", que traducen el vocablo inglés UFO (Unidentified Flying Object). Aunque la mayoría de estos avistamientos, a la postre, han resultado ser burdos fraudes, ilusiones óptica debidas a la reflexión de la luz, o bien, artefactos aéreos, globos, papalotes u otros Objetos Sí Identificados, algunos de estos fenómenos aún carecen de explicación, lo que no significa que no la tengan. En realidad, el término OVNI vino a reemplazar al ya gastado "platillo volador", como lo definió por primera vez el granjero tejano John Martin, que aseguró ser testigo de la aparición en el cielo de uno de ellos la noche del 24 de enero de 1878, y que le pareció tenía esa forma. Quizá debido a que otros relatos de avistamientos del llamado primer tipo los describen ya sea como "puros" suspendidos en el espacio o de algún otro talante, se ideó la palabra más neutral de OVNI, que además de no aseverar nada, compromete menos.

P

PACO: Es uno de los variados términos cariñosos con los que frecuentemente llamamos a aquellos que llevan por nombre Francisco, palabra tan complicada para un niño que apenas empiece a hablar que se ve forzado a pronunciarla como *Panshico,* de donde deriva también Pancho, Kiko y Chico. Si no les agradan estos sobrenombres, qué dirán los que se llaman Plutarco.

PACHUCO: Existen varias versiones alrededor de este vocablo empleado en los años 40 y 50 del pasado siglo para referirse a cierto grupo de jóvenes que se caracterizaba por usar chaquetas muy largas con amplias solapas, pantalones muy holgados pero ceñidos a la cintura y un sombrero adornado con una pluma. Parece que el término surgió en la ciudad fronteriza de Ciudad Juárez (México), que colinda con la urbe estadounidense de El Paso, Tejas, a cuyos habitantes los juarenses llamaban "passucos", silbando la "s" como se acostumbra en el Norte, y que probablemente fueron los que impusieron la estrafalaria moda. Esta sirvió de modelo para la indumentaria que en esas épocas usó el cómico mexicano Germán Valdés "Tin Tan" (1915-1973), quien pasó parte de su adolescencia en Ciudad Juárez -sino es que nació ahí, como algunos afirman-, y quien se hacía llamar a sí mismo "pachuco". En su afán por encontrar una identidad propia que los distinga, muchos adolescentes de todas las épocas han buscado pertenecer a estas excéntricas agrupaciones juveniles, como lo fueron en su momento los hippies, punks y lo son ahora los góticos o emos, junto a los cuales los fachosos pachuchos eran unos *gentlemen*. El gentilicio de los nacidos en Pachuca es "pachuqueño", aclaro.

PAGANO: Era la denominación que los cristianos daban a los pueblos idólatras y politeístas. Proviene del vocablo latín *paganus*, que se refiere a los habitantes del *pagus* o campo. Ello se debe a la tenaz resistencia que opusieron los campesinos a abrazar el cristianismo y abandonar a sus dioses locales, especializados, según creían, en actividades principalmente agrícolas, cuya protección, pensaban, era vital para su sustento. Parece ser que este término comenzó a emplearse a partir del siglo IV, y que después incluyó a judíos y musulmanes en general.

PAGAR: Procede de la palabra latina *pagare*, que quiere decir "pacificar, tranquilizar", quizá porque el que paga descansa, y el que recibe la paga también.

PALESTINA: Esta región del Medio Oriente que desde 1929, o poco antes, ha sido disputada cruentamente por israelíes y árabes, en rigor a su etimología no pertenece a ninguno de estos pueblos semitas. Palestina significa "tierra de los pulasati o pelishtim" y se refiere, en forma exclusiva, a los filisteos que la habitaron en tiempos bíblicos, quienes ni siquiera eran semitas, sino que descendían de los llamados "pueblos del mar" o fenicios, procedentes de la región Egea, a los cuales los hebreos, poco a poco, fueron confinando al extremo sur de la llanura de Sarón, donde fundaron las ciudades de Azoto, Gaza, Ascalón, Gat y Eglón. Durante la ocupación grecorromana, los filisteos terminaron por ser absorbidos por la cultura helenística y desaparecieron, como lo profetizó Isaías (14:29-31). Y no estando el gato…

PANTALÓN: Tanto los hombres como las mujeres de la parte Sur del Viejo Continente, en los tiempos antiguos, vestían con ropa corta y suelta, a la que llamaban toga o faldón; pero por lo que toca a la gente del Norte, el clima frío les hacía imposible llevar las piernas descubiertas, por lo que sus togas eran largas y pesadas; cómodas para las mujeres, pero muy estorbosas para los hombres, sobre todo cuando tenían que combatir. Decidieron, pues, dividirla en dos partes, cubriendo cada pierna en forma separada. A la postre, el resultado serían los pantalones, que significa "todo (hasta) el talón". Pero esta prenda de vestir, como nosotros la conocemos, no se popularizó en Europa sino hasta la Revolución Francesa, en que fue adoptada solamente por los hombres. Aún habrían de pasar muchos años antes de permitirles a las mujeres usarlos, aunque al final, como siempre, se salieron con la suya.

PAPA: El nombre de *Papa* que se le otorga al jefe de la Iglesia Católica Romana, significa "padre", que era el trato que los creyentes comúnmente concedían en Italia (y que se continúan observando en todo el mundo católico) a sus sacerdotes, sin importar su jerarquía. Ese mismo nombre se le daba al obispo de Roma, pero no fue sino hasta el pontificado de León I el Magno (440 a 461) que, aunado al calificativo verbal, se comenzó a escribir "Papa" con letra mayúscula en los escrito en los que se hacía referencia al obispo de esa sede. De hecho, es a partir del enérgico León I que los papas comienzan a adquirir su asombroso poder terrenal como consecuencia del abandono de la ciudad por parte del emperador, quien había establecido su corte en Ravena.

PARAGUAY: Debe su nombre al majestuoso río del mismo nombre, que procede de la voz guaraní *para-gua-y*, que significa "agua adornada", palabras que describen con toda exactitud la belleza de este afluente cuyas aguas literalmente se engalanan con islotes de exuberante vegetación, matizada por hermosas flores.

PASQUIN: Como otras tantas, es una palabra completamente ajena a su origen, pues éste señala hacia Pasquino, un gladiador romano muy famoso en sus tiempos que hizo morder el polvo a un sin número de adversarios, convirtiéndose en ídolo de las multitudes que gustaban de estos sangrientos espectáculos. Cuando murió este campeón, el senado dio permiso de que se le levantara una estatua en su memoria. Por razones que se desconocen, pasado algún tiempo, los descontentos del régimen escogieron el pedestal de este monumento para fijar en él sus libelos y escritos satíricos contrarios al gobierno, con tanta perseverancia que terminó por llamársele a estos panfletos *pasquines*, término que ahora se confiere a todo escrito anónimo de carácter satírico que se fija en sitios públicos o se imprime y distribuye de manera clandestina.

PELEAR: Deriva de "pelo", ya que antes y ahora también, los que riñen suelen tirarse de los pelos unos a otros.

PEPE: Este sobrenombre tan común que suele aplicarse a quienes llevan el nombre de José, puede que tenga su raíz en la frase latina *Pater Putatibus*, que quiere decir "Padre Putativo" y que se refiere a José, esposo de la Virgen María, y padre adoptivo de Jesús. En algunos conventos de la Edad Media, para dejar claro el papel que jugó este personaje en la historia sagrada, se escribía en paréntesis, a un lado del nombre José, las letras "(P. P.)", como abreviatura del latinismo. Estas pasaron con el tiempo a formar el apelativo Pepe con el que se conoce a la mayor parte de las personas que llevan el nombre de José, incluyendo a las Josefas, a quienes, cariñosamente, se les llama "Pepitas", nunca "Pepas" hasta donde yo sé.

PERSIANA: Esta especie de cortina que cubre las ventanas y que está conformada por tablillas que pueden apretarse o enrollarse hacia arriba o hacia los lados, pero que desplegadas permiten graduar la entrada de la luz, son, por lo que se refiere a su nombre, un fraude, pues este término indica que proceden de la exótica y enigmática Persia, donde nunca se usaron, pues son un invento francés que apareció en París en el siglo XVIII. Es como si los publicistas nos quisieran hacer creer que el nopal es importado de Nepal y las tunas de Túnez.

PERSONA: Tiene sus raíces en los vocablos latinos *pros*, "delante" y *opus*, "cara", de los que derivó la voz *persona*, término que los latinos usaban para referirse a la máscara que usaban los actores de teatro, a la que, debido a la falta de micrófonos, recurrían los artistas para expresar ante el auditorio sentimientos como alegría, coraje, tristeza, etcétera. Ante los demás, siempre nos presentamos como "personas", es decir, con una máscara que no revele nuestras verdaderas emociones; como lo hacía el cómico Garrick del vate mexicano Juan de Dios Peza, que al tiempo que provocaba la hilaridad de todo mundo, internamente lloraba con cada carcajada.

PIANO: A finales del siglo XVII, un constructor de instrumentos musicales, Bartolomeo Cristófori, llegó a la conclusión de que el clavecín no permitía los tonos más suaves o más fuertes, de modo que, tomando partes de algunos instrumentos de su tiempo, como la espineta, el virginal, el clavicordio y el clavecín, formó uno nuevo, cuyo prototipo estuvo listo en 1709, y al que dio el extenso nombre italiano de *gravicénbalo col piano y forte*, que quiere decir "clavecín con clave suave y fuerte", el nombre resultó demasiado largo, por lo que pronto se redujo a *forte y piano*, "fuerte y suave", llegando al español simplemente como piano.

PICNIC: Este término que algunos snobs utilizan para referirse a las comidas efectuadas en el campo, tiene su origen en una costumbre francesa que data del siglo XVII en la que se acostumbraba que cada invitado llevara parte de la comida, lo que en México llamamos fiestas de "traje", de traer, no de vestir. A esas reuniones sociales se les llamaba en Francia *pique-nique.* Hacia la mitad del siglo XIX el vocablo pasó a Inglaterra como *picnic,* para indicar el consumo de viandas al aire libre. Se trataba de alimentos livianos, principalmente, sándwich, huevos cocidos, frutas y pastelillos, contenidos en una típica canasta. Quizá, la palabra se popularizó en el siglo XX, merced a la película "Picnic" (1955) protagonizada por William Holden y Kim Novak.

PIRRICA: La victoria pírrica se refiere a un triunfo alcanzado con tan enormes sacrificios que la hace casi estéril. Pirro II de Épiro, enemigo de los romanos, llevó a cabo una campaña en Italia venciendo a sus enemigos en Heraclea en 280 a. C. y un año después en Asculum (Ascoli). Este segundo combate fue tan encarnizado y terrible que en él pereció la flor y nata de los mejores hombres que llevó consigo a esta guerra. Tan consciente estaba Pirro de esta enorme pérdida que, al acercarse uno de sus oficiales para felicitarlo por la victoria alcanzada, exclamó: *Otra victoria como esta y estoy perdido.*

PLEBEYOS: En algunos países donde aún existe la monarquía, esta palabra define a la parte de su población que no pertenece a la nobleza o aristocracia. Como suele acontecer en todas las ciudades que experimentan desarrollo, en la medida en que la antigua Roma iba creciendo y convirtiéndose en potencia, oleadas de gente procedente de la periferia se iban agregando a la población. Los colonos originales decidieron cerrar su círculo constituyendo la clase de los patricios o aristócratas, adjudicándose unilateralmente amplios privilegios que los distinguieran de los recién llegados, a los que llamaban con cierto desprecio *plebs* o "muchedumbre". Los plebs, por ejemplo, podían votar en las elecciones, pero no ser electos a puestos públicos y, como sus familias no contaban con un *gen* propio (Ver Gentilicio), tampoco se les permitía celebrar matrimonios religiosos. Privados de estas y otros derechos, los plebeyos romanos tenían que dedicarse al comercio y a la artesanía. Como era de esperarse, pronto surgieron problemas entre estos dos grupos sociales, iniciándose con ello lo que Marx denominaría más tarde la lucha de clases. A la postre, los altivos patricios tuvieron que ceder y reconocerles a los plebeyos algunos derechos, y hasta aceptar en el Senado a dos representantes del pueblo, llamados tribunos.

POINSETTIA: Este es el nombre con el que en otros países se conoce a la Flor de Nochebuena que es de origen mexicano. En épocas prehispánicas, los aztecas la llamaban *cuetlaxochitl*, que significa "flor que se marchita", siendo muy apreciada e incluso cultivada en los jardines de Netzahualcoyotl y de Moctezuma. Parece ser que esta flor era oriunda de Taxco, en el actual estado de Guerrero, especialmente de Cuelaxochitlán, donde fue descubierta por los misioneros franciscanos, quienes la utilizaron como adorno en sus nacimientos navideños. En 1823, en los albores del México independiente, el primer embajador de los Estados Unidos en ese país, Joel Robert Poinsett (1779-1851), visitó el lugar, y le gustó tanto aquella bella flor que, junto con otras plantas, envió a su casa, en Charlesonville, Carolina del Sur, algunos ejemplares. Cuando volvió a su país, vio con singular agrado que la *cuetlaxochitl* o flor de Nochebuena, se había aclimatado y crecido muy bien en sus jardines, por lo que decidió comercializarla a gran escala, logrando que ésta se llegara a convertir en símbolo navideño estadounidense, bautizándosele en su honor con el nombre científico de *poinsettia pulchérrima*, más conocida en los Estados Unidos como poinsettia o Christmas flower. No cabe duda que, como siempre, a los mexicanos nos faltó visión comercial.

PORTUGAL: La denominación de este país se dio como extensión del nombre del puerto romano de Cale, o *Portus Cale*, fundado a orillas del Duero. Fue en esos tiempos la ciudad más importante de esa colonia romana y aún existe con el nombre de Oporto. Tan famoso era *Portus Cale*, que terminó por llamarse así a toda esta nación.

PROLETARIO: Este término fue adoptado por Carlos Marx para referirse a la clase obrera y, por ende, a la más desprotegida. Pero la raíz de la palabra, aunque no muy desviada, se refería más bien a la función de la reproducción biológica por parte de la población romana que por sus bajos ingresos no podía aspirar a mayor riqueza que la de los hijos. Como consecuencia de las conquistas, los *patricios*, es decir, los nobles, se había enriquecido, adquiriendo con ese dinero grandes extensiones de tierra, a las que hacían producir mediante el trabajo de un ejército de esclavos. Los pequeños propietarios, al no poder competir con los terratenientes, abandonaron los campos y comenzaron a emigrar hacia Roma. Como el trabajo que en la ciudad conseguían era muy mal pagado, o bien, no lo había, comenzó a llamárseles *proletarios*, que significa "criar hijos", mismos que estarían destinados a engrosar las legiones que combatían en todos los confines del imperio, pues según los aristócratas, esa era su única función dentro del sistema romano.

PROTESTANTES: El 31 de octubre de 1571, el monje agustino alemán Martín Lutero fijo, a las puertas de la iglesia de Wittenberg, sus 95 tesis, protestando contra algunas de las prácticas de la Iglesia Católica, dando así comienzo a la llamada Reforma. El emperador Carlos V llevó a cabo varios intentos por reconciliar a los reformistas con la Iglesia Católica Romana, como lo fueron las Dietas de Worms (1521), Espira (1529) y Augsburgo (1530), en donde los reformistas protestaron contra todas las medidas de avenencia ofrecidas por el Clero. Por esta razón se les comenzó a llamar "protestantes", término que acomodaba más a la Iglesia pues el de "reformistas", que sería más apropiado, había sido ya usado en otras épocas por papas y obispos para restablecer el relajado orden clerical.

PUERTA: Cuenta la leyenda que cuando Rómulo, el fundador de Roma, llegó con su gente al sitio en donde habría de levantarse la nueva ciudad, pidió a los sacerdotes que, con un arado, hicieran un surco para delimitar la periferia del asentamiento. Este surco se consideraría sagrado, por lo que nadie podía cruzarlo sin que por ello pagara con su vida. Era pues necesario dejar, de trecho en trecho, algunos espacios sin zanjar para que sirvieran como entrada y salida de los habitantes. Con este propósito, Rómulo iba acompañando en la operación a los sacerdotes, y cuando él decía *portare*, se levantaba el arado para volver a hincarlo más adelante y continuar con la labor hasta que Rómulo volviera a dar la orden de izarlo en hombros por otro trecho, hasta totalizar cuatro accesos. A los espacios libres de surco se les llamó "puertas", de *portare*, que significa "alzar, elevar, levantar o cargar" y no entrada o salida como lo hubiese supuesto cualquiera de nosotros. Tito Livio en su Historia Romana narra que Remo, hermano de Rómulo, saltó por juego el surco en lugar de entrar por alguna de las *portares*, por lo que Rómulo le dio muerte diciendo: *Así perezca todo el que se atreva a saltar mis murallas*", murallas que dicho sea de paso, aún no se habían levantado.

PÚNICO: Se aplica a los actos castigables, es decir, que merecen un escarmiento, como el robo, el asesinato, el fraude, entre muchos otros actos delictivos que la sociedad sanciona justamente; pero en sus orígenes era el término que utilizaban los romanos para referirse a los fenicios, particularmente a los cartagineses que tenían ese origen y a los que llamaban *punicus*. El mundo de entonces resultaba ser muy pequeño para las ambiciosas Roma y su vecina Cartago, que se levantaba altiva y amenazadora en las costas africanas ubicadas frente a la península itálica. Esto dio motivo a las llamadas "Guerras Púnicas". En una de estas, el genial general cartaginés Aníbal tuvo la osadía de invadir Italia, permaneciendo en territorio romano por 15 años. A la postre, el castigo por esta audacia fue la destrucción total de la ciudad de Cartago en el año 146 a. C.

Q

QUINTA: En su acepción de casa campestre, destinada al solaz y al recreo, la palabra tiene su origen en la práctica de algunos propietarios antiguos que solían dividir su terreno en cinco partes, una de las cuales se rentaba a un tercero para su usufructo, debiendo pagar éste al dueño la *quinta* parte del beneficio que de ello obtuviera.

R

RESTAURANTE: Deriva de la palabra francesa *restaurant*, que significa "restaurar" y se refiere, según algunos, a un caldo hecho a base de carne y variados condimentos que se servía en algunas hosterías de la época, el cual se decía tenía la propiedad de vigorizar al consumidor del mismo, particularmente a aquellos trasnochadores que habían pasado una noche agitada. A estos establecimientos se les comenzó a llamar restaurantes. Sin embargo, existe la versión de que el primer restaurante francés fue el inaugurado en París en 1765, propiedad de un mesonero de apellido Boulanger, quien colocó a la entrada un letrero en latín que decía: *Venite ad me omnes quí atomacho laboratis et ego* **restaurabo** *vos,* que quiere decir "Vosotros todos los que tenéis el estómago débil, venid a mi casa que yo os **restauraré**". La denominación se internacionalizó, y el mismo vocablo se aplicó en Londres en 1873, cuando se abrió en esta ciudad el primer restaurante propiamente dicho.

RH: El factor RH, causante de trastornos en el embarazo que pueden llevar incluso al aborto, es causado por cierta clase de proteína que se encuentra en los glóbulos rojos del 85 por ciento de las personas. Se trasmite de manera hereditaria a través de dos genes. Estos pueden ser ambos positivos, negativos o poseer las dos variantes. En este último caso, el factor positivo será el que domine. El problema ocurre cuando los dos genes del bebé resultan negativos, en tanto que los de la madre son positivos, pues en esta circunstancia, el sistema inmunológico de ella rechazará de manera natural el producto, provocando el aborto, si no se practica oportunamente una transfusión de sangre. El factor RH fue descubierto en 1941 por los doctores franceses Karl Landesteiner (1868-1943) y Alexander Wierner (1907-1976), como resultado de sus investigaciones con monos Macacus **Rh**esus, una variedad de simios de la India, de cuyas dos primeras letras se tomó la denominación.

RIVAL: Se refiere a cuando menos dos personas que aspiran a lo mismo, sin que esto pueda ser compartido. Viene del latín *rivus* que quiere decir "río", ya que los habitantes de las riberas u orillas de los ríos peleaban constantemente por el aprovechamiento de las aguas y de la pesca de estas corrientes acuíferas. Tanto se destacaron por sus riñas que la palabra rivales, que significaba "habitantes de las orillas", pasó a ser sinónimo de enemigos.

ROMA: Si diéramos credibilidad a las leyendas, entonces afirmaríamos que la Ciudad Eterna debe su nombre a Rómulo, quien la fundó en el año 753 a. C. Pero la realidad histórica parece fechar el asentamiento en una época menos antigua, situándola poco antes del año 600 a. C. Se tienen indicios de que por esos años se estableció un pequeño poblado a orillas del río Tíber que fue habitado por la tribu de los latinos. Estos solían comerciar con la ciudad etrusca de Veii, ubicada a sólo 16 kilómetros del lugar, con la que, en un puente levantado sobre el río, los latinos intercambiaban animales domésticos, cuero y semillas por instrumentos más sofisticados como armas de hierro o herramientas, lo que nos habla de la superior civilización que en ese entonces distinguía ya a los etruscos, quienes, hacia el año 600 a. C. concluyeron por conquistar a los débiles latinos, permaneciendo en sus tierras por espacio de más de un siglo y llamando a la ciudad Roma, de la palabra etrusca *ruma*, que significa río. Hacia el año 500 a. C. los ahora romanos se independizaron expulsando a Tarquinio el Soberbio, último de los reyes etruscos, y comenzaron a partir de entonces a escribir su apasionante historia, la cual desmerecía en sus inicios al presentar a los romanos como un pueblo, en sus orígenes, sojuzgado, por lo que inventaron la epopeya de Rómulo y Remo.

S

SADISMO: Es un término utilizado en psiquiatría para referirse a cierta neurosis que consiste en obtener placer sexual infligiendo dolor a otra persona. Deriva del nombre de Donatien Alphonse Francois, marqués de Sade (1740-1814), escritor francés que aunque incursionó en otros géneros, como el teatro, y tomó parte en la Revolución Francesa, es más conocido por sus novelas de corte erótico, donde puso de manifiesto sus inclinaciones y prácticas perversas de índole sexual, por las que pasaría parte de su vida en prisión o huyendo de la justicia. Sus obras estuvieron prohibidas hasta bien entrado el siglo XX, estando hoy en día al alcance de todo aquel a quien le agrade este tipo de relatos, tal vez porque ahora poseemos un criterio más amplio o porque quizá nos hemos degradado más moral y socialmente que nuestros predecesores.

SALARIO: Es la cantidad de dinero que se paga a alguien como retribución por un trabajo o servicio. A esta remuneración los romanos le llamaban *salarium*, que proviene de *sal*, pues era con sal con que se cubría parte del salario que se les daba a los soldados. Aunque es sinónimo de "sueldo", palabra que proviene del nombre de una antigua moneda denominada *solidus áureus*, algunas empresas hacen una distinción llamando salario al pago que se efectúa a cambio de un trabajo o servicio cuyos emolumentos, además de ser variables, no son permanentes, y dan el de "sueldo" a los pagos fijos y periódicos. Durante muchos siglos la sal ha sido considerada una sustancia preciosa para el hombre. Entre los árabes, compartir la sal con otro constituye un signo de amistad, llamando a este acto "comunión de la sal". En la Biblia, en Números 18:19, se hace referencia a la sal como símbolo de inviolabilidad del pacto que Dios tiene con su pueblo. Durante la Edad Media, la servidumbre no estaba autorizada a consumirla, pues era nada más para uso exclusivo de los nobles señores. Los tiempos han variado, y hoy, generalmente, encontramos la sal en todas las mesas ricas o pobres, sin embargo, sólo le damos ese uso doméstico a una quinta parte de la sal que se produce, destinándose el mayor volumen de ella a la industria, donde se le adjudica un sin fin de aplicaciones inimaginables para el común de la gente. La sal es pues tan importante para la vida como lo es el mismo salario.

SÁNDWICH: Este popular bocadillo o emparedado debe su actual nombre al cuarto conde de Sandwich, John Montagu (1718-1792) que fue primer lord del almirantazgo de 1771 a 1782. Este noble inglés, que por lo demás es también célebre por su corrupción, era un jugador empedernido, que no soltaba las cartas ni para llevarse un bocado a la boca. Un día de 1762, tal vez preocupado por la salud de su patrón, su cocinero le preparó un filete que puso entre dos rebanadas de pan, para que pudiera comérselo usando solamente una mano. Aquel burdo pero delicioso invento, le pareció al conde algo fantástico, y empezó a servirlo en sus reuniones, popularizándose con su nombre durante el siglo XVIII; pero reservándose, por un corto tiempo, exclusivamente a los paladares de la nobleza.

SANGRE AZUL: La palabra sangre viene del latín *suave*, nombre que los antiguos médicos le dieron en virtud a su textura. Pero la locución "sangre azul", que se aplica a aquellos que han tenido la fortuna de nacer en cuna noble, se debe más bien a que estos zánganos de la sociedad medieval vivían a costillas del trabajo de sus siervos, a quienes obligaban a cultivar sus tierras de sol a sol, pues los campesinos, según la ley de la época, formaban parte integral de los dominios del propietario, el cual tenía derechos aún sobre sus vidas. Como resultado del arduo trabajo en el campo, la piel de los siervos estaba tan quemada por el sol que ya no se les distinguían las venas a simple vista, en tanto que el dorso del antebrazo de sus blancos amos o señores feudales, guarnecidos casi siempre bajo la sombra de su castillo, se hallaba permanentemente marcado por azuladas venas, lo mismo que sus piernas. Y no era que se creyera que su sangre era en realidad azul, sino que fue simplemente una manera de distinguir a los nobles de entre los que no lo eran ¿Serán los burócratas descendientes de nobles familias?

SANTIAMÉN: Se refiere a una acción que se efectúa con extrema rapidez. En tiempos en que la misa católica se celebraba en latín, al concluir ésta, los fieles se persignaban diciendo *In nomine Patris el Fili el Spiritus Santi. Amén*, que obviamente significa en español "En el nombre del Padre, del Hijo y del Espíritu Santo. Amén"; pero los impacientes que ya tenía prisa por disfrutar de su domingo, en vez de repetir *Spiritus Santi. Amén*, pronunciaban sólo "Santiamén", y se apresuraban hacia la salida del templo. Los más religiosos se burlaban de estos últimos usando esa forzada abreviatura para indicar todo aquello que se hace precipitadamente.

SANTA CLAUS: Este simpático, bonachón y regordete personaje navideño, de risa muy peculiar, que habita la mayor parte del año en algún remoto lugar del por sí distante Polo Norte y que, en la noche de Navidad, visita, con una rapidez vertiginosa, los hogares de todos los niños del mundo, trayéndoles juguetes cuyo costo curiosamente siempre está en proporción a la situación económica de sus padres, ha sido identificado con San Nicolás de Mira, quien fue obispo de esta ciudad localizada en Licia, Asia Menor, y que vivió hasta los años 345 o 352 según otros, y cuyo cuerpo supuestamente reposa en la ciudad italiana de Bari, a donde fue trasladado. Esto es lo único que históricamente se sabe de este dadivoso y silente protagonista pascual, ya que los milagros que se le atribuyen, entre ellos la resucitación de unos niños, son parte de tradiciones surgidas posteriormente. Sea o no el mismo personaje, los niños de todo el mundo lo esperan cada año ansiosos, desvelándose hasta donde el cansancio así se los permite, con la esperanza de saludarlo personalmente. En Inglaterra lo llaman Papá Navidad; en Francia, Pere Noel; en Brasil y Perú, Papai Noel; en China, Shengdan Laoven, etcétera. A los Estados Unidos la tradición llegó conjuntamente con los colonos holandeses que fundaron Nueva Amsterdam (hoy Nueva York), y se le conoce en ese país como Santa Claus, debido a una incorrecta pronunciación de *Sinter Claes*, es decir, San Nicolás en alemán.

SANTIAGO: El nombre propio de Santiago que muchas poblaciones y personas llevan como apelativo y que se supone perteneció a dos de los discípulos de Cristo, en realidad no existía en tiempos de Jesucristo, ni existió a lo largo de varios siglos posteriores a él. Se trata de una declinación de "San Jacobo", que en las antiguas biblias latinas, al referirse a la epístola que se le atribuye al apóstol u a otro cristiano de igual nombre, se denominaba *Sanctus Iacobus*, es decir, San Jacobo. Esta palabra, al castellanizarse perdió los sufijos *us*, convirtiéndose en *Sanct Iacob*, al continuar evolucionando la lengua española, la primera *c* y la *b* última, que prácticamente no tenían sonido, fueron eliminadas, en tanto que la *c* de *Iacob* se convirtió en *g*, lo que nos da el nombre de "Sant-iago". De modo que si usted se llama así, su verdadero nombre es Jacobo, o mejor dicho, San Jacobo.

SAXOFÓN: Este instrumento de viento, con boquilla y varias llaves, fue un invento del músico belga Adolfe Sax (1814-1894), que provenía de una familia de instrumentistas. Sax buscaba crear un instrumento que tuviera la fuerza del metal y las cualidades de la madera, al cual, una vez armado, llamo saxofón, término que proviene de su propio apellido. Lo presentó por primera vez en la feria de Bruselas de 1841, donde no sólo no fue bien acogido, sino que algunos lo ridiculizaron. Pero Sax no se doblegó ante la mordaz crítica, y continuó adelante con su idea, llegando a crear a lo largo de su vida 14 saxofones de diversos tamaños, desde el alto soprano hasta el contrabajo. En 1857 fue el primer maestro de saxofón del Conservatorio de París y del mundo. Un admirable ejemplo de tenacidad.

SENADO: Esta asamblea legislativa que representa la voluntad de las entidades que conforman una república, tiene sus orígenes en la palabra latina *senatus* y ésta en *senex*, que significa anciano, muy diferente al término *vetus* o viejo, que se aplicaba a las cosas. Para los primeros romanos de tiempos de la República, los ancianos eran personas de gran consideración y estima, a quienes, por su edad y, por ende, experiencia, se les consideraba sabios. Hoy en día, para ser senador no se requiere ser anciano, ni tampoco sabio.

SEÑOR: Este trato que solemos aplicar a cualquier hombre de mediana edad, sin importar su condición social, fue en un tiempo un término de cortesía, aunque hoy lo pronunciamos mecánicamente cuando nos dirigimos a una persona adulta del sexo masculino. Esto no fue así en la antigüedad, donde exclusivamente los dioses tenían derecho a ese respetuoso tratamiento. Suetonio, en su obra "Vida de los doce Césares", nos narra que en cierta ocasión, estando Augusto en el teatro, un actor se dirigió a él llamándolo "¡Oh, señor equitativo y bueno!", y a pesar de que esto provocó la ovación del público, el emperador, muy molesto, se retiró y publicó un edicto en el que prohibía se le diera este tipo de lisonjas, incluyendo a sus hijos y nietos. La misma opinión compartía su sucesor Tiberio, quien consideraba aquella cortesía como ultrajante -no para el que la recibía, sino para el que lo otorgaba-, pues era tanto como reconocerse esclavo del otro. Bueno, ni Calígula ni Nerón la usaron. No fue sino hasta Domiciano, otro de los emperadores dementes, quien gobernó Roma de los años 81 a 96, en que al emperador, y sólo al emperador, se le debía llamar *Dominus*, es decir, Señor, ordenando que en sus circulares al pueblo se escribiera *"Nuestro dios y señor ordena…"*.

SIDA: En diciembre de 1981, la revista *New England Journald of Medicine*, publicó un alarmante artículo sobre siete individuos masculinos que padecían una extraña enfermedad, cuya causa aún no se había determinado. El caso es que los enfermos padecían graves infecciones que abatían su sistema inmunológico, poniendo en peligro sus vidas. A partir de esta publicación se empezó a llamar a esta enfermedad "Síndrome de Inmunodeficiencia Adquirida", que se convirtió en la temible abreviatura de SIDA. En realidad el SIDA es la etapa final y más grave de aquellas personas infectadas de VIH, abreviatura de Virus de Inmunodeficiencia Humana, que se adquiere únicamente a través de contacto sexual, jeringas infectadas, transfusión de sangre contaminada o en etapa prenatal por conducto de una madre que lo padezca. Las estadísticas mundiales son seriamente alarmantes y progresivas, por lo que se deben tomar todas las medidas preventivas necesarias a efecto de evitar su contagio, teniendo siempre presente que el SIDA sí da.

SÍFILIS: Con esta palabra se designa a una terrible enfermedad de transmisión sexual propagada por el *Treponema pallidum*, que comenzó a infectar a la humanidad poco después del descubrimiento de América, por lo que se supone oriunda del Nuevo Continente, en especial de las Antillas, desde donde se propagó a todo el mundo, teoría con la que otros no están de acuerdo, considerando que el viaje de Colón y la propagación de este mal sólo coinciden en fechas. Su nombre deriva de un poema escrito por el médico y humanista italiano Girolamo Fracastoro en 1530, titulado *Syphilus*, donde el protagonista, quien lleva este nombre, contrae la enfermedad. Más tarde, el propio Fracastoro empleó el término en un tratado médico que escribió en latín, llamándola "Sífilis o enfermedad gálica". El uso de la palabra no se extendió sino hasta el siglo XVIII.

SILUETA: Generalmente expresa el perfil de un rostro dibujado apresuradamente sobre un papel; pero anteriormente se refería más bien a algo mal definido. Proviene del francés *silhouette*, abreviatura de la frase *portrait a la Silhouette* o "retrato a la Silhouette", refiriéndose al apellido de Etienne de Silhouette, Intendente General del Tesoro francés en 1759. A este inepto funcionario metido a financiero se le ocurrió la fácil idea de que para sanear la economía del país bastaba con crear nuevos impuestos y gravar aún más los existentes, con lo que solamente se ganó el odio del pueblo. Su torpe gestión hizo popular la frase *faire queique chose à la silhouette*, que puede traducirse como "hacer o dejar las cosas a la silhouette". Otra versión sustenta que se refiere más bien al paso efímero de este funcionario en su cargo, que duró sólo ocho meses, lo que, sin embargo, es algo más de lo que permanecieron en el puesto otros de sus colegas.

SNOB: En español "esnob"; es un vocablo inglés que significa ser esclavo de la moda, pero en sus orígenes fue más bien un término segregacionista. Allá en el siglo XVII, la hasta entonces exclusiva Universidad de Cambrige, en Inglaterra, decidió abrir sus puertas a los plebeyos, quienes, merced a un acto altruista, pudieron cursar una carrera en la prestigiada institución gracias a una beca que se les concedió. Pero (siempre hay un pero), para diferenciarlos de los pupilos nobles, en su matrícula se incluyó en latín la frase *sine nobilitas*, que significa "sin nobleza" y que con el tiempo se abrevió a *snob*. Hoy se aplica a aquellas personas que, sin ninguna reflexión, adoptan ideas, novedades o indumentarias que dicta la tiránica moda, solamente para darse tono, olvidando el refrán que reza "De la moda, lo que te acomoda".

SOCCER: Aunque el origen de la mayoría de los juegos de pelota es difícil de precisar -y, en consecuencia, lo es también su adjudicación a un país en particular-, por lo que se refiere al mundialmente famoso Futbol Soccer, cuya paternidad se disputan principalmente Inglaterra y Francia, la palabra *soccer* que lo acompaña resulta más fácil de identificar. Proviene de la Association Football, fundada en Londres en 1863 con el propósito de unificar los diferentes clubes y establecer las reglas de este juego. Una de estas últimas, la prohibición de tomar el balón con las manos, hizo que las agrupaciones de Rugby renunciaran a su membresía. A esta asociación se le conocía popularmente como *Assoccer*, de donde derivó, hacia 1895, la palabra *soccer*.

T

TABACO: Aunque el tabaco es de origen americano, su nombre proviene del árabe. En el idioma guaraní, se le designaba como *pety*, como lo conoció Cristóbal Colón en su primer viaje. Pero como le encontró semejanza con una planta árabe llamada *tubbaq*, la denominó como "tabaco", pensando que se trataba de un vegetal del mismo género. Bueno, a un hombre que confunde un continente con otro, se le puede perdonar este tipo de equivocaciones menores.

TALLER: Proviene del francés *atelier*, que quiere decir "astillas" y se refiere tal vez a la gran cantidad de desperdicios de madera que se encuentran sobre el suelo de las carpinterías. Aunque el término "taller" data del siglo XVI, la idea parece ser muy antigua. Desde tiempos inmemoriales los artesanos carpinteros han requerido de un local apropiado para la realización de sus trabajos. De sus instalaciones salía la mayor parte del mobiliario y vehículos usados por la humanidad a partir de su civilización. Se dice que si a alguien se le pide nombrar el primer oficio que se le venga a la mente, en la mayoría de los casos pronunciará "carpintero" ¡Pruébenlo! De ahí que no resulte extraordinario que a todo establecimiento artesanal se le conozca como taller, un sinónimo histórico de carpintería, pero también de falta de aseo.

TANGA: La diminuta prenda de playa que ha venido desplazando en los últimos años al ya de por sí breve bikini (Ver

Bikini), al grado de hacerlo verse anticuado y hasta mojigato, proviene de una voz portuguesa que a su vez tiene su etimología en una voz tupí. En el siglo XVI, la tribu tupí-guaraní, tenía su hogar en el curso inferior del río Paraná, al sureste del Brasil, que fue colonia portuguesa. Seguramente, a causa del clima, este pueblo usaba como vestidura un taparrabo hecho a base de un molde de barro que les cubría el sexo y que eran sujetadas por medio de lianas atadas a las caderas. La tanga moderna fue inventada en Brasil por el italiano Carlo Ficcardi, en 1974, y actualmente es usada tanto por mujeres como por hombres en casi todas las playas del mundo y también como ropa interior. Es cierto que muchos objetos que anteriormente poseían gran volumen, la tecnología los ha venido reduciendo cada vez más; pero, por lo que corresponde a los trajes de baño, creo que ya se ha llegado a su mínima expresión ¿O estaré equivocado?

TAXI: Este nominativo tan familiar que se le da a los automóviles públicos de alquiler, se debe al aparato de conteo de kilometraje e importe que algunas unidades llevan incorporado a su tablero frontal y cuyo nombre es *taxímetro*, que literalmente significa "medición del cobro". Primero se simplificó a *taxi*, para después referirse a todo el auto.

TÍO SAM: En inglés, *Uncle Sam,* es un término estadounidense cuyas iniciales U. S. designan propiamente al Gobierno de los Estados Unidos (**U**nited **S**tates), cuya representación gráfica, muy posterior, es la de un anciano de barba y largos cabellos encanecidos, vestido con los colores de la bandera estadounidense, incluyendo un sombrero de copa con estrellas, y que posee un curioso parecido con Abraham Lincoln. Aunque existen otras versiones, la más reconocida, de acuerdo con el folklore de ese país, es la que lo atribuye a un tal Samuel Wilson, quien, en 1812, durante la segunda guerra con Gran

Bretaña, se desempeñaba como inspector de carne para el ejército, imprimiendo en los barriles de carne salada las iniciales U. S., esto es, United States, autorizando así su envío al frente. Pero los soldados, siempre dispuestos a las bromas, como un paliativo a la tensión en que viven y conociendo al remitente, llamaban a estos víveres de campaña los suministros del Tío Sam.

TIRANO: La sola mención de esta palabra nos estremece haciéndonos pensar en un gobernante cruel que abusa de su autoridad, violentando la libertad del pueblo. Pero los primeros gobernantes que recibieron este título en las ciudades griegas que optaron por este tipo de régimen, se caracterizaron, en su mayoría, por ser rectos y sensatos en su administración. Los *tyrannos*, palabra que en griego significa "dueño", eran en realidad funcionarios que vinieron a desplazar a los -éstos sí, ineptos e intransigentes reyes-, a quienes, sin embargo, el pueblo seguía reconociéndoles su derecho legítimo al poder, aunque se los negara. En otras palabras, el tirano era un gobernante ilegítimo, un usurpador que ocupaba el mando con la aprobación del pueblo. Entre los más destacados podríamos citar a Pisístrato, quien gobernó pacíficamente Atenas entre los años 538 a 529 a. C., embelleciendo la ciudad y protegiendo las artes y la industria. A él se debe la publicación de la Iliada y la Odisea de Homero. Otra diferencia que los tiranos tenían con los reyes, es que no heredaban el ara sacerdotal. Pero como ya se mencionó, el término se desvirtuó, y ya en la Edad Media, el rey de Castilla, Alfonso X el Sabio, en su obra "Las Siete Partidas", lo define como *"Tirano, tanto quiere decir como señor cruel, que es apoderado en algún reino o tierra por fuerza o por engaño o por traición"*.

TLAPALERÍA: Estos establecimientos mexicanos semejantes a las ferreterías, deben su nombre al nahuatl *tlapalli*, que quiere decir "color", pues en ellos era donde antaño se compraban la pintura, así como los productos y materiales afines que habría de usarse para recubrir una casa u objeto variado. Hoy, aunque siguen llamándose tlapalerías, están más especializadas en herramientas, mangueras, tuberías, materiales eléctricos o de plomería y otros productos y, las que venden pinturas lo hacen como un giro adicional, pues las pinturas tienen ahora sus expendios especiales, que no se llaman tlapalerías. No cabe duda de que el dicho "En casa del herrero, azadón de palo", es cierto.

TOMATE O JITOMATE: El sabroso e imprescindible tomate, es oriundo del continente americano, donde ya lo consumían los nativos desde tiempos prehispánicos. La palabra proviene del nahuatl *tomatl* o *tomohuac,* que significa "fruto", en tanto que el sufijo *atl* refiere "agua", es decir, "fruto de agua", lo que alude a lo jugoso de este vegetal. Fue llevado a España en el siglo XVI, y pronto se difundió por toda Europa adaptándose a casi todos los climas. Adecuó asimismo su nombre a algunos idiomas del Viejo Mundo, como fue el caso del "tomato" inglés. Pero en otros países su nombre varió, no por su color, forma o similitud con cosa alguna, sino por la exaltación que su sabor produjo. Así, en Italia, se le llamó *pomodoro*, que significa "manzana de oro"; en Austria *paradeis*, esto es, "paraíso", como si el tomate y no la manzana hubiese sido la tentación de Adán, en tanto que los alemanes se referían a él como *liebsafel* o manzana del amor. Sin embargo, los colonos de Norteamérica creían que el tomate era venenoso, y hasta el siglo XIX, sólo lo cultivaron como planta ornamental. Yo creo que de ahí provino la idea de lanzar tomates a los malos artistas, pues ninguna ama de casa en el mundo permitiría hoy tal despilfarro en su gasto.

U

UNIVERSIDAD: Aunque Universal y Universo tienen la misma etimología, el denominativo de Universidad que suelen llevar nuestras máximas casas de estudio posee otro acepción. Viene del latín *unus*, "uno", y de *verto*, "giro", que significa "girar hacia uno", o bien, "convertido en uno", designando a una asociación que tiene fines comunes de uniformidad. El término no se usó en la antigua Roma, pero habiendo sido el latín el idioma culto de la Edad Media, época en que estas instituciones surgieron, los eruditos les dieron el nombre latino de *Universitas Magistrorum el Scholarium*, que significa "Asociación de Maestros y Escolares", en donde los primeros trasmitían sus conocimientos a los segundos para convertirlos en sus colegas, en otras palabras, se hacían uno sólo con respecto a la profesión o conocimiento que impartían. La primera universidad se fundó en Bolonia en el siglo XII. Los saberes que primeramente se enseñaron fueron las siete artes liberales, la teología, la medicina y el Derecho, impartidas todas en latín, predominando en ellas la escolástica, es decir, la filosofía de Aristóteles. Por cierto, el Derecho, basado en el Derecho Romano, sólo se estudiaba como cultura, porque no se ejercía.

USTED: Este pronombre personal de la segunda persona que encierra un trato de respeto hacia el sujeto a quien se le dirige, es un vocablo del idioma español que no se utiliza en otras lenguas como el inglés. En realidad proviene de la expresión

"Vuestra Merced", cuya abreviatura es "vd.", que luego, al darse origen a la palabra "usted", se convirtió en "ud.". Por cierto, aunque se refiere a la segunda persona, exige de un verbo en tercera persona. Por ejemplo, cuando tuteamos a alguien, decimos "tú sabes", pero si no existe esa familiaridad, no por ello expresamos "usted sabes", sino "usted sabe", igual que lo haríamos con "él sabe", que ya es tercera persona.

V

VACUNA: Esta inoculación que inmuniza a hombres y animales contra algunas de las más mortíferas enfermedades, tiene su raíz en otra enfermedad llamada precisamente *vacuna*, que es propia del ganado vacuno pero que puede ser contraída por los humanos. Es muy parecida a la temida viruela, presentándose con pústulas en la piel, pero mucho menos agresiva. Hasta casi concluido el siglo XVIII, la viruela era una enfermedad prácticamente mortal y aterradora. Los pocos que lograban sobrevivir a su ataque, quedaban cicatrizados horriblemente y de por vida. Por esa época, los campesinos de la región de Gloucestershire, en Inglaterra, comenzaron a notar que aquellos que habían padecido el más benigno morbo de la "vacuna", no se contagiaban ya de la mortal viruela, por lo que procuraban acercarse a las vacas enfermas con la esperanza de infectarse de este mal menor y de esta manera eludir el mayor. Esta superstición llamó la atención del doctor Edward Jenner, médico de la localidad, quien en 1796 tuvo la poco ortodoxa idea de probarla inoculando con el virus de la *vacuna* a un niño de ocho años, llamado James Phipps, y dos meses más tarde llevó a cabo el experimento supremo al infectar al pequeño con viruela, la cual no contrajo el conejillo de indias humano, pues ya era inmune. A este proceso, Jenner lo llamó *vacunación*, palabra que adoptaron más tarde todas las inmunizaciones contra otras enfermedades y que ha salvaguardado la vida de millones de personas. Desgraciadamente, Jenner, médico pueblerino, no era muy culto, por lo que no fue aceptado en el Colegio Real de Médicos de Londres, porque no sabía mucho acerca de Hipócrates ni de Galeno.

VANDALISMO: Se da este nombre a los actos devastadores que algunos individuos con genes aún salvajes llevan a cabo sobre propiedad ajena, destruyéndola muchas veces sin ningún provecho (Ver Hooligan). Tanto los griegos como los latinos llamaban *bárbaros*, a todo pueblo extranjero que les era ajeno, pero debido a su salvaje comportamiento, su falta de piedad para con el vencido y el saqueo que hacían de las ciudades que en sus manos caían, incluidos los templos a los que profanaban, la palabra "bárbaro" se asoció a términos como feroz, cruel, bestial, violento y hasta irracional. Entre los pueblos bárbaros hubo uno que resultó, desde el punto de vista de los romanos, más bárbaro que los mismos bárbaros. Eran los vándalos, de origen escandinavo, que, en el siglo I d. C., se establecieron al sur del Báltico. Empujados por los no menos salvajes hunos, irrumpieron en el imperio a principios del siglo V, destruyendo y saqueando todo el territorio que pisaban. En el año 429, encabezados por su rey Genserico, invadieron el norte de África, asolando tanto la tierra como el mar Mediterráneo, pues se hicieron también piratas. En una de sus incursiones a Italia, saquearon a la decadente Roma en el año 455. Finalmente, fueron combatidos y exterminados por el general Belisario entre 533 y 540. Podemos decir que "vándalo" es el superlativo de "bárbaro".

VATICANO: Es el país más pequeño de Europa con sólo 0,44 kilómetros cuadrados y menos de mil habitantes. Se encuentra enclavado en la ciudad de Roma y es la sede de la Iglesia Católica Romana. Hasta 1871, los Estados Pontificios abarcaban gran parte del centro de Italia, lo que convertía al Papa en una especie de rey vitalicio, poseedor de territorios, industrias y hasta de un ejército propio. Con la unificación del país que realizó Víctor Manuel II, las propiedades temporales del pontífice quedaron reducidas exclusivamente al Monte Vaticano, donde, según la tradición, se encuentra localizada la tumba de San Pedro. En latín, Vaticano viene de *vates*, que quiere decir "adivino" y *cano*, "canto", es decir, el "Canto del Adivino", que nada tiene que ver con su actual ocupante el Papa, a menos que se desee retorcer el término. Claro que el pontífice en turno no aceptó tan fácilmente este nuevo orden geográfico y, declarándose prisioneros, Pío IX, León XIII, Pío X, Benedicto XV, Pío XI, Pío XII y Juan XXIII, nunca salieron del Vaticano. ¡Ah! olvidaba citar que la religión oficial del minúsculo país es la católica.

VEDETTE: En México solemos llamar así a aquellas artistas que, con poca ropa, bailan y cantan en centros nocturnos, o cuando menos creen que lo hacen, lo que no parece preocupar mucho a su auditorio masculino. También damos ese adjetivo a ciertas personalidades quejumbrosas y exigentes que se creen merecerlo todo. En realidad es un término castrense inventado en la Francia del siglo XVI que se daba al jinete que durante las batallas se le ubicaba en un lugar alto, desde el cual podía observar los movimientos del enemigo y avisar inmediatamente de ello al comandante encargado de dirigir el combate. Proviene del latín *videre*, que indica "ver", pues esa era su única función. Hacia el siglo XIX la palabra tomó otro sentido y pasó a designar, en los carteles de espectáculos, el sitio destacado en el que se escribía el nombre del actor principal. A aquellos que tenían este honor, se les comenzó a llamar "vedettes", siendo ahora este su significado actual.

VEGETARIANO: El organismo humano no está diseñado para ser carnívoro. Nuestra dentadura se asemeja más a la de los herbívoros pues carece de dientes de desgarre como los que poseen las fieras carniceras. Pero al hombre le gusta la carne tanto como el ir en contra de su naturaleza, de modo que se inventó para sí el término omnívoro, que significa "el que se alimenta de todo", y ¡vaya que comemos cosas raras! Sin embargo, existe un grupo de personas, quizás mas sensatas, que no incluyen carne en su dieta, abasteciéndose de las proteínas necesarias a través de otras fuentes no animales, aunque privándose con ello de los suculentos y jugosos filetes. Pero si bien este sano hábito está estrechamente asociado al consumo preferente de vegetales, no es de origen botánico, sino que tiene su raíz en la voz latina *vegetus*, cuyo significado es el de "completo, fresco, lleno de vida".

VENECIA: Esta romántica y pintoresca ciudad italiana, edificada en las islas de las lagunas del Adriático, localizadas al noreste del país, debe su nombre a los *vénetos*, un pueblo de origen indoeuropeo que ya habitaba la zona desde antes de la dominación romana. Romanizado el territorio, se levantarían en ella las ciudades de Aquilea, Padua, Verona y otras, cuyos habitantes, aunque en parte descendientes de los antiguos ocupantes, eran más latinos que vénetos, conservando de éstos únicamente el nombre con el que se conocía a la región. La terrible incursión que en el año 452 sufrió Europa con la aparición de las implacables hordas del rey huno Atila, obligó a muchos vénetos a buscar refugio entre los islotes de la laguna. Pero más que refugio, lo que los aterrados pobladores deseaban era un escondite seguro donde los bárbaros no los pudieran encontrar. Llamarían a su nuevo hogar Venecia, en recuerdo de la región Véneta de la que provenían, a la que ciertamente añoraban, pero que en nada se comparaba a la paz que ahora experimentaban sus vidas. De manera que se adaptaron a su nuevo, aunque difícil, hábitat anfibio, aislándose del turbulento mundo de aquel entonces cuando menos por unos doscientos años, lapso después del cual, un geógrafo de Ravena escribió "Parece que en el Véneto hay unas islas en las que viven hombres". Con los años, Venecia llegaría a convertirse en una potencia marítima, pese a que, para algunos, dé el aspecto de área damnificada.

VENEZUELA: Este país debe su nombre a la tradición que tenían los nativos de construir ciudades lacustres. Aunque el territorio ya había sido visitado en 1498 por Cristóbal Colón, en su tercer viaje, y al año siguiente por Peralonso Niño y Cristóbal Guerra, no fue sino hasta la expedición de Alonso de Ojeda, realizada poco después, en compañía de Juan de la Cosa y Américo Vespucio, que estos exploradores descubrieron en la región unos poblados indígenas construidos sobre estacas hincadas en medio del agua, por lo que le dieron el nombre de "Venezuela", diminutivo de Venecia, como remembranza a la ciudad de donde era oriundo su compañero Vespucio. Mayores honores esperaban aún al célebre geógrafo y navegante italiano.

VULGAR: Si alguien se refiriera a nosotros llamándonos "vulgares", seguramente nos sentiríamos ofendidos, ya que lo interpretaríamos como si se nos estuviera catalogando como personas groseras o indecentes. Pero antiguamente, el término latino *vulgaris*, sólo hacia referencia a la gente común y corriente. La traducción latina de la Biblia, que hacia finales del siglo IV realizó San Jerónimo, y a la que llamó "Biblia Vulgata", no tiene nada de soez, sino todo lo contrario, pues las pocas traducciones latinas que existían eran muy pobres y de difícil comprensión. Como la mayor parte de la gente del mundo conocido en ese entonces hablaba latín, se llevó a cabo dicha traducción para que todos pudieran leerla. De tal suerte que podríamos decir que un "vulgar" era aquella persona que, entre otras cosas, hablaba latín. Con la evolución del lenguaje de los países romances, el latín fue cayendo en desuso y se convirtió en idioma exclusivo de los eruditos, catalogándose a las personas que no lo comprendían como, ahora sí, gente ignorante o vulgar.

W

W. C.: Son las siglas de la locución inglesa *Water Closet*, que quiere decir "Armario con agua". Antiguamente, por razones obvias, el baño no formaba parte integral de las habitaciones comprendidas dentro de una casa, sino que se ubicaba fuera de ella, aunque no muy lejos, claro. Se trataba de una especie de armario que en su interior contenía un asiento con un orificio en medio que conectaba con un hoyo practicado en el suelo y al que, de cuando en cuando, se le vaciaban baldes de agua o cal para agilizar la descomposición de los residuos orgánicos que en ella se depositaban. Esta monserga terminó con el invento de la práctica taza de porcelana que llevaba incluida su propio depósito de agua. Los primeros en adoptar el funcional invento fueron los restaurantes y lugares públicos, colocando, orgullosamente, en la puerta de la nueva habitación sanitaria un letrero con las iniciales en grande de W.C., que los distinguían como establecimientos de primera categoría, pero además, para que sus clientes no anduvieran afligidos buscándolo afuera del local. Poco a poco, los *water closet* formaron parte de las casa habitación y, en español, dieron origen a la palabra "guater".

WHISKY: El nombre de esta bebida alcohólica destilada a partir de granos malteados que varían según el cereal escogido como materia prima, y que después se añeja en barriles de roble, encuentra su raíz en la voz escocesa *wisge*, que significa nada menos que "agua de vida".

WWW: Estando en la época de la cibernética, no podemos dejar a un lado las siglas www que constantemente utilizan los aficionados al Internet. Se refiere a las siglas de *World Wide Web*, que quiere decir "La Telaraña a lo Ancho del Mundo". Fue inventada en 1989 por el inglés Tim Berners-Lee y se trata de una serie de servicios basados en hipermedios (textos, gráficas, videos, etcétera) que se ofrecen por Internet a todo el mundo. No cuenta con una central propiamente dicha, sino con un sinnúmero de ellas localizadas en múltiples países y conectadas entre sí, de ahí el término "telaraña". Antiguamente, los inventos y descubrimientos se propagaban de manera muy lenta, lo que motivó que los usos y costumbres se prologaran por centurias. En el siglo XVIII y, principalmente, el siglo XIX, con el desarrollo de medios de comunicación más ágiles, el progreso se aceleró, y en el siglo XX pasamos del primer avión a la conquista del espacio en menos de cien años. Al igual que ustedes, yo me pregunto ¿Qué sorpresas nos tiene deparadas el siglo XXI?

Y

YANQUI: Esta palabra, que en español es la escritura fonética del inglés *yankee,* en realidad es incierta. Hay quienes afirman que tuvo su origen en los colonos holandeses que inmigraron al Nuevo Mundo en los siglos XVII y XVIII. De hecho, la ciudad de Nueva York fue fundada por ellos en 1626 con el nombre de Nueva Amsterdam, luego de comprar a los indios la isla de Manhattan a cambio de ciertas mercancías cuyo valor actual no rebasaría los 24 dólares. Se dice que el nombre flamenco más común entre los holandeses era Jan Kaas (Juanito), que luego se transformó en Jan Keas o Jean Kee. Durante la guerra de independencia de los Estados Unidos, los ingleses llamaban desdeñosamente a los revolucionarios *yanquis*, es decir, "juanitos". Este apodo fue conservado para referirse a los pobladores de las primeras trece colonias que inicialmente formaron el país. Durante la guerra de secesión, los confederados, ofensivamente, llamaban así a los soldados de la Unión, quienes representaban los intereses de los estados norteños donde se originó el vocablo. Actualmente, en algunos países como Cuba, se llama a los estadounidenses "yanquis" en un tono también despectivo. Sin embargo, a estos últimos parece no afectarles, pues hasta tienen en Nueva York un equipo de béisbol con ese nombre, por citar solamente uno entre múltiples ejemplos. Tal parece que a nuestros vecinos del norte todo se les resbala (Ver Gringo).

YATE: Es un término de origen alemán que data del siglo XVI y se refiere a un barco pirata muy veloz al que llamaban *Jachtschiff*. Los ingleses copiaron su diseño y lo llamaron *yacht*, pues así sonaba para ellos la complicada palabra germana. Del inglés pasó al castellano como "yate", pero ya no para designar a una embarcación pirata, sino a un veloz y aerodinámico barco de recreo para millonarios, pues con esta intención fue que lo construyeron los ingleses, lo que no significa que aquellos que hoy se dedican a la piratería moderna, no puedan llegar a tener un yate o más.

YEGUA: ¿Se han preguntado alguna vez por qué a la hembra del caballo se le llama "yegua" y no caballa, como sería lo lógico? Pues es muy sencillo. De hecho sí se le llama caballa, pues en latín se nombraba al macho *equus* y a la hembra *equa*, de donde derivó al español como "yegua". Es más, al macho lo deberíamos llamar "yeguo" o algo así, ya que el latinismo *Equus caballus*, se refiere a un caballo castrado.

YOGURT: Esta bebida láctea de grandes propiedades digestivas y que actualmente se produce a escala industrial, tuvo sus orígenes en Asia, y fue introducida a Europa a través de Turquía y Bulgaria. En este último país, se le llamó *jaurt*, que significa "leche cuajada", luego pasó al francés *yoghourt*, y de este al español *yogur* o *yogurt*. La leyenda atribuye a un mongol de la época de Gengis Khan (1160?-1227) el que, en cierta ocasión, se le ocurriese cargar en la montura de su caballo un poco de leche; con el movimiento la leche se cuajó y, en lugar de tirarla, la probó, causando tan buena impresión a su paladar que la empezó a compartir con sus compañeros.

Z

ZÓCALO: El zócalo en sí es sólo la parte inferior o base de un edificio, o bien, el pedestal sobre el cual se yergue un busto o escultura. En México se le llama "zócalo" a la Plaza Mayor de la Ciudad de México, debido a que el presidente Antonio López de Santa Anna, encargó, en 1842, al arquitecto Lorenzo de la Hidalga, levantar en la Plaza de la Constitución, esto es, en la plaza central, una columna en honor a la independencia del país. Los avatares de la época y el poco presupuesto sólo permitieron que se llegase a construir la base o zócalo del monumento, la cual permaneció ahí hasta 1863. La prolongada estadía del inútil pedestal hizo que la gente, cuando se trasladaba al centro, expresara "voy al zócalo". Por analogía, otras ciudades del país, comenzaron también a llamar así a su plaza central. Y por lo que respecta al término "Plaza de la Constitución", éste tampoco tiene nada que ver con nuestra Carta Magna de 1824, ni con la de 1857 y mucho menos con la de 1917, sino que debe su nombre a la constitución española que los liberales de ese país promulgaron en Cádiz y que fue jurada en la colonia de la Nueva España el 30 de septiembre de 1812, es decir, nueve años antes de que México alcanzara su independencia. Y es que hemos andado tan ocupados…

Índice

Presentación 7

A 9

B 19

C 25

CH 33

D 39

E 43

F 47

G 49

H 53

I 57

J 61

K 65

L	67
M	71
N	81
O	83
P	87
Q	97
R	99
S	103
T	111
U	115
V	117
W	123
Y	125
Z	127

Editorial LibrosEnRed

LibrosEnRed es la Editorial Digital más completa en idioma español. Desde junio de 2000 trabajamos en la edición y venta de libros digitales e impresos bajo demanda.

Nuestra misión es facilitar a todos los autores la **edición** de sus obras y ofrecer a los lectores acceso rápido y económico a libros de todo tipo.

Editamos novelas, cuentos, poesías, tesis, investigaciones, manuales, monografías y toda variedad de contenidos. Brindamos la posibilidad de **comercializar** las obras desde Internet para millones de potenciales lectores. De este modo, intentamos fortalecer la difusión de los autores que escriben en español.

Nuestro sistema de atribución de regalías permite que los autores **obtengan una ganancia 300% o 400% mayor** a la que reciben en el circuito tradicional.

Ingrese a www.librosenred.com y conozca nuestro catálogo, compuesto por cientos de títulos clásicos y de autores contemporáneos.